乡村振兴农民百事通系列

农民务工兴业
百事通

胡延华　李世超　编著

SPM
南方传媒　广东人民出版社
·广州·

图书在版编目（CIP）数据

农民务工兴业百事通 / 胡延华，李世超编著 . —广州：广东人民出版社，2023.6
（乡村振兴农民百事通系列）
ISBN 978-7-218-16477-9

Ⅰ.①农…　Ⅱ.①胡…　②李…　Ⅲ.①农民—劳动就业—研究—中国
Ⅳ.①F323.6

中国国家版本馆 CIP 数据核字（2023）第 038603 号

NONGMIN WUGONG XINGYE BAISHITONG
农民务工兴业百事通

胡延华　李世超　编著　　　　　　　　版权所有　翻印必究

出 版 人：肖风华

责任编辑：卢雪华　李宜励
装帧设计：广州六宇文化传播有限公司
插　　画：Guangzhou Liuyu Culture Communication Co., Ltd.　谭志坚
责任技编：吴彦斌　周星奎

出版发行：广东人民出版社
地　　址：广州市越秀区大沙头四马路 10 号（邮政编码：510199）
电　　话：（020）85716809（总编室）
传　　真：（020）83289585
网　　址：http://www.gdpph.com
印　　刷：广东鹏腾宇文化创新有限公司
开　　本：787mm×1092mm　　　1/32
印　　张：5.5　　　　字　　数：145 千
版　　次：2023 年 6 月第 1 版
印　　次：2023 年 6 月第 1 次印刷
定　　价：28.00 元

如发现印装质量问题，影响阅读，请与出版社（020-85716849）联系调换。
售书热线：020-87716172

总　序

没有农业农村现代化，就没有整个国家现代化。党的二十大报告指出："全面建设社会主义现代化国家，最艰巨最繁重的任务仍然在农村。"报告重申"坚持农业农村优先发展"，并首次明确提出"加快建设农业强国"。

那么如何加快建设农业强国，如何扎实推动乡村产业、人才、文化、生态、组织振兴呢？

2019年，我们组织编写了《新时代乡村振兴百问百答丛书》。3年来，丛书取得较好的社会效益与经济效益，经常有读者通过各种方式表示从这套书中获益。这让我们很受鼓舞。

时代在前进，我们实现了小康这个中华民族的千年梦想，打赢了人类历史上规模最大的脱贫攻坚战。当前，农民群众关心的急难愁盼问题也发生了变化。

据此，我们重新策划选题，按照"农民百事通"的角度重新编写了一套丛书，共有9本。争取贴近农民群众，贴近农村现实，做农民群众的贴心人。

实施乡村振兴战略，组织是保障。组织振兴是乡村振兴的"第一工程"，是新时代党领导农业农村工作的重大任务。为此，我们编写了《乡村党务工作百事通》。

乡村振兴的质量和成色，要靠"绿水青山"打底色。从生产到生活，离开了绿色，乡村就失去了本色。为此，我们编写了《乡村环境保护百事通》。

健全基本公共服务体系，提高农村公共服务水平，是扎实推进共同富裕的重要领域。为此，我们编写了《乡村公共服务百事通》。

产业兴旺是乡村振兴的重要基础，而就业是最基本的民生，外出务工仍然是农民增收的最主要渠道。为此，我们编写了《农民务工兴业百事通》。

党的二十大报告提出"坚持多劳多得，鼓励勤劳致富""鼓励共同奋斗创造美好生活，不断实现人民对美好生活的向往"。生活富裕是广大农民群众的热切向往。为此，我们编写了《农民增收致富百事通》。

乡村振兴，法治要先行。畅通农民权益保障通道，有助于健全城乡社区治理体系。为此，我们编写了《农民权益保障百事通》。

人民健康是民族昌盛和国家强盛的重要标志。乡村要振兴，农民健康须先行。为此，我们编写了《农民卫生保健百事通》。

提升农民群众的防灾减灾意识，减轻、避免自然灾害造成人员伤亡和财产损失，有助于巩固脱贫攻坚成果，全面推进乡村振兴。灾害会让农村片瓦不留，诈骗同样会让农民倾家荡产。为此，我们编写了《农民遇险自救百事通》和《农民预防诈骗百事通》。

我们对编撰者的要求，第一，既然是百事通，那就要设置好"事情"，一定要是农民关心的焦点、难点、热点、痛点、痒点问题。

第二，语言上接地气，通俗易懂，我们要求团队里的教授、专家们放下架子，露出农民本色，就如同面对面回答农民关心的教育、养老、生老病死等问题，用大白话说清楚、讲明白。

第三，不做论文，不做教科书，我们不讲大话，不讲套话，内容实实在在，简单直白地告诉农民朋友怎么办、怎么干、怎么解决问题。

第四，将国家相关的惠农政策也翻译成大白话，让农民朋友知道这项国家政策有什么实实在在的好处。

第五，要有生动鲜活的案例，还要是农民身边的故事，可模仿，可借鉴，或者是引以为戒。

当然，知易行难，是否能达到我们预想的效果，请广大读者朋友检验。另外，鉴于水平有限，差错难免，欢迎批评指正。

丛书主编 何卫

2022 年 12 月

序

2023年元旦，世超告诉我，他和胡延华教授在写一本关于农民务工兴业方面的书，让我帮忙看看。当我收到他的书稿时，发现这是一本站在农民的角度，帮助农民解决实际问题的工具书。书中涵盖农民朋友最想知道、最常遇到、最易做到的内容，实用性强、借鉴性强。我想两位作者写这本书的目的是希望能有一本让广大农民朋友都看得懂的有关就业创业方面政策解读的书，让更多的农民朋友了解外出务工要注意什么、返乡就业创业要准备什么、创业致富能干些什么，清楚明白国家就业创业政策有什么实实在在的好处。

就业是最基本的民生，外出务工是农民增收的最主要渠道。党的二十大报告提出，全面推进乡村振兴，坚持农业农村优先发展，加快建设农业强国，扎实推动乡村产业、人才、文化、生态、组织振兴。产业兴旺是乡村振兴的重要基础，产业连着就业，就业是民生之本、财富之源、社会稳定之基。改革开放尤其是进入21世纪以来，大量乡村劳动者尤其是青壮年劳动者不断前往城市地区尤其是沿海城市地区，根本原因在于这些地区能够提供更多的就业机会和有助于农民增加收入的机会，更符合农民的生存发展需求。促进农民转移就业、引导农民有序求职就业、支持农民就地就近就业、保障农民合法权益是让农民依靠自己的双手创造幸福生活的现实选择。

提升就业技能，提高就业质量，是促进农民充分就业的有效手段。农民往城市地区流动实现更充分的就业，从而提升了收入，改善了家庭生活水平，体现了新中国综合国力的显著增强，体现了社会生产方式的明显进步。无论是外出务工还是就地就近就业，都离不开对人生职业生涯的规划。让农民朋友充分了解国家社会保障制度、了解国家职业技能培训政策，有助于稳定农民外出务工规模，拓宽务工就业渠道，扩大务工就业容量。

乡村振兴赋能农村创新创业，农村创新创业助推乡村振兴。农民是乡村振兴的生力军，创新创业是乡村振兴发展的新动能。我国农村是广阔舞台，农民群体人多力量大，农业农村蕴含巨大的创造活力。在乡村振兴战略驱动下，更多的农民工返回输出地创业，带动农村经济的快速增长和农民的快速增收。宣传创业政策、指引创业方向、鼓励支持农民工返乡创业，能更好地促进大家发挥外出打工积累的丰富经验来带动家乡致富，是实施乡村振兴、建设社会主义新农村、建设美丽家园的有效途径。

鉴于此，作者这本书用简单、轻松但把握重点的方式，从外出务工就业、返乡就业、灵活就业、社会保障、职业培训、劳动权益维护、劳动安全与职业健康、创业选择与政策、市场开发推广和品牌管理、新经济下的创新创业等方面，一个问题一个问题解决，贴近农民现实需要。通篇内容丰富、语言平实、通俗易懂，个中案例精彩纷呈，让读者有代入感，知道了什么政策，带来了啥好处，解决了啥问题。期待作者有更多的作品出现。

谌新民

2023 年 1 月

（谌新民：二级教授，华南师范大学人力资源研究中心主任、博士生导师，广东省、广州市决策咨询专家，广东省人力资源研究会理事长）

目 录

1

一　务工就业

1. 外出务工

外出打工要勤劳，找对工作靠路子

外出打工赚钱是我国农民朋友增收的第一动力，农民朋友外出务工就业获得的工资性收入是提高农民收入的重要途径之一。

农民朋友务工收入的高低对实现乡村振兴和农村社会稳定具有举足轻重的作用。那么，农民朋友外出务工的主要途径有哪些呢？

概括来说，外出务工的途径一般有以下几种：

第一，从当地的人社就业服务机构获取信息，具体如县、乡镇的劳动就业服务站（就业服务机构）等。这些部门负责所在地的劳动就业服务工作，承办农村剩余劳动力转移就业服务的具体事务。一般而言，这些机构会为当地有意愿外出务工者提供大量免费而且可靠的就业信息。

第二，同乡、亲朋好友的介绍。这种外出务工途径也比较常见。一般来说，已经在外务工者对外面的用工情况较为熟悉，相关经验也较为丰富，许多进城务工者就是在亲戚、朋友、同乡的介绍下，一带十、十带百地出去打工的。在城镇务工的亲朋好友不仅有在城镇工作的经验，也了解进城务工的相关信息，特别是他们所在单位用工的信息，这些信息不仅可靠，而且竞争少，是获取务工信息简单有效的途径。和几个朋友一起进城务工比较好，可以互相照顾，互相帮助，务工机会也能了解得更多一些。但是对不太熟悉的人或陌生人，一定要多个心眼，因为许多骗子或有不良企图的坏人，往往会利用求职者急于务工挣钱的心态，进行拐、骗等违法犯罪行为。这一点，女性务工者要特别注意。

第三，用人单位直接到当地招用。有些用人单位需要招用劳动力时，会派工作人员到农村与劳动就业部门联系，直接在当地招工，或者委托当地劳动部门职业介绍机构招收。这种途径，不仅可以节约找工作的时间，也节省进城镇找工作的费用，给进城务工的农民提供了很大的方便。但要注意考察招工单位的真实性和可靠性，以免上当受骗。

第四，通过微信、网站、报纸、刊物、广播、电视等途径来获得进城务工的信息。现在手机等新媒体技术高度发达，很多招工信息通过微信公众号、小程序等发布，大家可以很容易就找到相关的务工信息。但这些信息来源复杂，要注意筛选，避免上当受骗。

第五，培训单位推荐到正规培训机构去参加技术培训，培训结束后，由培训单位直接推荐到用工企业就业。在一定时间内，培训单位有跟踪服务的责任，为务工者解决工作中遇到的实际问题。

第六，进城后到人力资源市场或职业介绍中心寻找工作。通过这种途径找工作的成功率比较高，因为求职者能与用人单位直接沟通。但一定要了解人力资源市场或者职业介绍中心是否有合法的资质，手续是否齐全，被介绍就业的单位是否真实、合法。

进城打工可以做啥事，有哪些基本要求

进城打工的农民朋友比较集中的行业有工业、建筑业、饮食服务业、商业、运输业和其他行业。由于每个行业分多个工种，每个工种都有若干技术等级，工人的技术等级越高，所从事的工作难

度就越复杂，所以，往往技术等级越高，工资就越高。目前，农民进城务工的职业类型正在朝着长期工和有一定技能的方向发展。

工业主要集中在采掘业（采煤、采油）和制造业（包括工业制造业和食品、饮料制造业）。这是一个工资相对较高、工作比较艰苦的行业，从事此行业工作要求有一定的体能和技能。

建筑业主要是指施工建筑方面。建筑工地的大部分建筑工人都是进城务工的农民。这一行业是由一系列的职业组成的，如土木建筑、水泥工、钢筋工、木工、室内装修工等。这是一个需要一定的技术，而且比较辛苦的行业，但收入也相对较高。

住宿和餐饮业，尤其是在饮食服务行业中，进城务工的农民也是主力军，他们主要从事厨师、服务员、食品销售员等工作。这是一个工作时间长、需要一定技术且身体无传染病的人才能胜任的工作。

商业服务业则包括零售商业经营人员、售货员、商业采购员、商业供销员等工作。这类工作不属于强体力劳动，但工作节奏紧张，每天的工作时间较长，有些需要长时间站立，因此腿脚有疾病的人不能胜任。

物流运输业包括汽车驾驶员、装卸工、搬运工等工作。城镇的汽车驾驶、运输工作很多都是进城务工人员担任的，包括近几年迅速发展的网约车司机等。

其他诸如家政服务业、服装加工业、书刊零售业、美容美发业等也是吸纳比较多农民就业的行业。

面对种类繁多的工作，在进城找工作之前，一定要科学地评估自己，根据自己的身体素质、文化素质、能力素质等因素，确定自己适合什么样的职业类型，这样才能避免找工作时的盲目性，增加工作的相对稳定性。

特种作业有关规定

直接从事特种作业的人员称作特种作业人员。特种作业是指容易发生人员伤亡事故，对操作者本人、他人及周围设施的安全有重大危害的作业。《中华人民共和国安全生产法》和国家有关文件规定：特种作业人员必须接受与本工种相适应的、专门的安全技术培训，经安全技术理论考核和实际操作技能考核合格，并取得特种作业操作证后，才能持证上岗作业。

国家规定的特种作业有：电工作业，金属焊接、切割作业，起重机械（含电梯）作业，企业内机动车辆驾驶作业，登高架设作业，锅炉（含水质化验）作业，压力容器作业，制冷作业，爆破作业，矿山通风作业，矿山排水作业，矿山安全检查作业，矿山提升运输作业，矿山采掘作业，矿山救护作业，危险物品作业，以及经国家安全生产监督管理总局批准的其他特种作业。

打"零工"和"进厂"有什么区别

这里说的打"零工"主要是指做一天结算一天的工资，做完就走人的形式，也就是常说的非全日制用工；"进厂"主要是指和公司签订劳动合同，每天按规定时间上下班，工资一般按月结算，也就是常说的全日制用工。

《中华人民共和国劳动法》（以下简称《劳动法》）规定，用工形式分为全日制和非全日制两种用工形式。《中华人民共和国劳动合同法》（以下简称《劳动合同法》）增加了"劳务派遣"这种新的劳动用工方式。对于入职的劳动者来说，往往需要在公司上班，公司提供相应的劳动报酬，那么劳务派遣和全日制用工、非全日制用工的人有什么区别呢？

全日制用工方式就是最常见的规定了劳动时间（每天工作时间）、劳动期限（劳动合同期限）的工作方式。这种方式具有稳定性和持久性，对劳动者而言具有保障性和稳定性，也有利于发挥个人能力，提升个人水平。

非全日制用工方式是指以小时计酬为主，劳动者在同一用人单位一般平均每日工作时间不超过4小时，每周工作时间累计不超过24小时的用工形式。这种方式主要是指钟点工以及一些兼职工作，非全日制用工方式也是很普遍的。比如，每逢节假日或购物旺季，一些公司会聘用一些临时促销员；一些小企业聘用的兼职会计，只在月底报税时到用人单位做账；等等。非全日制用工的劳动报酬称为工资，工资支付方式为持续性的、定期的支付。法律规定，非全日制用工以小时计酬，结算支付周期最长不超过15日。工资支付必须遵守当地有关最低工资标准的规定。

劳务派遣是根据用人单位的需要，由劳务派遣公司根据企事业单位岗位需求派遣符合条件的员工到用人单位工作的一种全新的用工方式。劳务派遣的主要特点是：劳务派遣公司与劳动者签订劳动合同，建立双方劳动关系；用人单位与派遣公司签订劳务合作协议书，与劳动者没有劳动关系；实现员工的服务单位和管理单位分离，形成"用人不管人、管人不用人"的新型用工机制。

找工作面试时，应该向用人单位了解的内容

刚开始外出务工，往往缺乏求职择业的经验。有时在一无所知的情况下，就与公司订立了劳动协议。协议签订以后，自己才得知工作内容、劳动报酬等细节，但对劳动协议中的规定都不满意，又不敢撕毁协议，承担违约责任。那么劳动者到用人单位应聘时，有权了解哪些事项呢？

《劳动合同法》明确规定，用人单位与劳动者之间互相负有告知义务。用人单位要如实地将工作内容、工作条件、工作地点、职业危害、安全生产状况、劳动报酬，以及劳动者要求了解的其他情

况告诉劳动者；同样，劳动者也不能隐瞒学历、技能等相关个人信息。这是为了订立劳动合同的双方当事人在比较全面地了解对方情况后再签订劳动合同，以避免劳务纠纷的产生。

防骗防诈，谨慎看待各种招聘信息

时下各种招工信息很多，除报纸、微信、杂志、广播、电视、各种招聘会和人才交流会之外，在城市大街小巷的广告牌上、公共汽车站的牌子上、电线杆上、墙上、店铺门前也都有大大小小的传播招工信息的纸条，几乎每时每刻在提供着用人单位的招聘信息。那么，如何对待这些信息呢？

第一，要整理信息。经过分类比较，把那些不适合自己的信息剔除，把有用的信息按一定顺序排列。比如面向大学生、研究生的供需见面会，进城务工人员可以根据自己的文化、学历情况来决定是否参加；以家政服务为主要内容的劳动力市场，比较适合女性务工者，男性务工者在选择之前也要认真考虑是否适合自己。

第二，要广纳信息。微信、报刊、电视和广播提供的就业信息较多，但同时前去应聘的人也很多，竞争激烈；各种人力资源市场和职业中介机构常年为用人单位提供劳动力，提供的信息也比较可靠；从亲戚朋友或熟人那里也可以获得就业信息，他们一般与用人单位有一定的关系，往往可以告诉你哪里有什么样的工作、这些工作需要用什么样的人、怎样才能适应这些工作等问题，同时，他们还可以引见或推荐，从而提高就业的成功率。因此，学会沟通，广交朋友，对找工作是十分有益的。

第三，要辨别信息。辨别信息是否有价值，要看发布信息的机构是否正规、所发布的内容是否详细、有无时间限制、对应聘者的要求是否明确等。对于含糊其辞的招聘信息，尤其是以各种理由向求职者收费的，一定要提高警惕。

总之，就业信息是找工作的基础，掌握的信息越广泛，信息质量越高，就越有适应城市就业和生活的主动权。因此，就业信息的收集要全面、系统，要注意信息的变化，要提高信息的鉴别能力。这样做，无论是对初次进城就业还是已经就业需要转换职业的人，都是十分重要的。

进城打工了，老家承包的土地怎么办

随着经济的不断发展，外界对农村的"虹吸"效应越来越明显，不愿意留在老家种地的年轻人也越来越多，还有些大学生毕业后都选择在城市安家就业。从这些可以看出，进城生活就业已经成为"主流"。那么，农村农民进城生活，老家承包的土地该如何处理呢？会不会被收回呢？

国家规定，任何单位或个人不得以农民进城务工为由收回承包地，还要纠正违法收回农民承包地的行为。农民外出务工期间，所承包土地无力耕种的，可委托代耕或者通过转包、出租、转让等形式流转土地经营权，但不能撂荒。农民土地承包经营权流转，要坚持依法、自愿、有偿的原则，任何组织和个人不得强制或者限制，也不得截留、扣缴或者以其他方式侵占土地流转收益。

农民进城务工如何处理原来承包的土地？对于利用农闲时间进城兼业的农民朋友来说，解决起来可能比较简单。因为外出打工仅选择在农闲的时候，农忙的时候又回到农村，可以自己耕种承包的土地。对于准备长期进城务工的农民朋友来说，如果没有其他家人或亲戚朋友代为耕种，可以将土地转包给其他希望耕种的人。

将土地转包时，双方应签订书面合同，并向发包方（村委会）备案，避免今后可能发生的一些不必要的纠纷。如果不想转给其他人耕种，可以到当地乡一级政府，按规定程序把土地交回村集体。需要特别注意的是，我国土地法明确规定不能撂荒土地，因进城务工而使承包的土地撂荒，属于违法行为。

政策知多少

村组织不得以农民进城务工为由收回承包地

《国务院关于解决农民工问题的若干意见》规定，村组织不得以农民进城务工为由收回承包地，农民外出务工期间，所承包土地无力耕种的，可委托他人代耕种或通过转包、出租、转让等形式流转土地经营权，但不得撂荒。农民土地承包经营权流转，要坚持依法、自愿、有偿的原则，任何组织和个人不得强制或限制，也不得截留、扣缴或以其他方式侵占土地流转收益。

看看人家

最美快递小哥邓兴斌：十几年间保持"零差评"的优质服务

2022年5月22日，广东省第十三次党代会召开。广州顺丰速运有限公司主管、全国优秀农民工邓兴斌首次作为一名省党代表参加会议，聚焦来穗务工人员新就业群体的就业情况，托起"稳稳的幸福"。

在成为快递小哥之前，邓兴斌是一名军人，做事雷厉风行。投身快递行业后，邓兴斌将身为一名军人的严谨与细致融入服务中。从业十几年间，他保持了"零差评"的纪录。对待每一个客户，他都用心服务，对待每一票快件，他都心中有数。如客户要求将快件放到公司前台，邓兴斌会在前台以及监控下数清楚每票快件，分门别类地将不同客户的快件放好，再通知客户领取。

新冠肺炎疫情的到来，改变了很多人的生活习惯，也改变了邓兴斌所在的物流快递行业，越来越多的人开始"依赖"快递，快递业务随之激增。作为党员和主管，邓兴斌带领团队的快递小哥们加班加点完成快件派送，服务好市民群众，保障了城市运转，为抗击疫情作出了自己的贡献。在服务好客户的同时，身为党员的邓兴斌也不忘服务好身边的同事。寒冬时节，为同事煮上热姜汤驱寒；炎炎夏日，为同事准备降暑饮品。邓兴斌说："完成自身工作的同时关心身边的同事，已经成为一种习惯。"

凭借敬业奉献的精神和扎实肯干的工作态度，邓兴斌还多次获得相关荣誉：2020年荣获全国优秀农民工、广东省劳动模范等称号，2019年荣获广东省五一劳动奖章，2018年在广州市总工会及广州电视台联合举办的"最美快递哥"评选中，荣获"最美快递哥"称号。

（摘自广州市来穗人员服务管理局官方网站，
2022年6月29日，有删改）

2. 返乡就业

外出务工开眼界，返乡就业更光荣

为了有效解决返乡留乡农民工就地就近就业的问题，农业农村部按照中央部署，会同人力资源和社会保障部联合下发了《扩大返乡留乡农民工就地就近就业规模的实施方案》，全面部署促进返乡留乡农民工就近就地就业工作。主要采取了以下几项措施：

第一，全面推动政策落实。重点是落细落准援企稳岗政策。设立农民工就业补助资金和一次性创业补贴资金，落实支农支小政策，开发"惠农"产品包、"劝耕贷"等金融产品。

第二，着力拓宽就业渠道。以"回归农业稳定一批、工程项目吸纳一批、创新业态培育一批、扶持创业带动一批、公益岗位安置一批"为重点，采取多种形式增加就业岗位。

第三，合力开展指导服务。通过系统监测、大数据调度等手段，摸清返乡留乡农民工底数，了解本地用工需求，做好用工信息对接。

第四，加强技能培训。依托现有培训资源和培训项目，通过互联网开展线上培训，提高转岗技能，帮助农民工向小店主、新农商、配送员、导游员等方向转岗。

农民朋友可以及时关注当地政府的有关信息，及时了解和申请国家有关返乡就业的补助，利用好有关政策。

什么是新型职业农民

新型职业农民是指以农业生产为职业、具有较高的专业技能、收入主要来自农业且达到一定水平的现代农业从业者，主要分为生产经营型、专业技能型和社会服务型三类。生产经营型主要包括专业大户、家庭农场主、农民合作社骨干等；专业技能型包括长期、稳定在农业企业、农民合作社、家庭农场等新型农业经营主体中从事劳动作业的农业劳动力；社会服务型包括长期从事农业产前、产中、产后服务的农机服务人员、统防统治植保员、村级动物防疫员、农村信息员、农村经纪人、土地仲裁调解员、测土配方施肥员等农业社会化服务人员。

成为新型职业农民有什么好处

如今新型职业农民培训也在全国各地陆续展开，参与培训，除了能领到一本证书，还有什么好处呢？

成为新型职业农民好处多多。从前种地是为了生存、吃饭，而现在新型职业农民是将农民作为一种现代新型职业，把务农当成工作，是一种身份转变，具体如下：

第一，政策优待。通过培训，参与培训的学员将成为备案的新型职业农民，当地农业部门在推广新政策或政策试点的时候，会优先考虑将这些已备案的新型职业农民作为带头人。在农业生产用地、农村产权制度改革、土地承包经营权流转、创业贷款、农业产业支持等政策方面，同时将职业农民优先纳入一些示范户，有的还能享受示范户的物化补助，起到示范引领的作用。

第二，专家资源。在培训过程中，可直接与培训专家建立联系，在日后农业经营生产过程中遇到技术问题时，可向他们咨询与求助，包括种植技术、市场营销、品牌建设等多个方面。

第三，推广机会。新型职业农民培训，经常选择历届学员中的优秀种植基地作为现场教学点，供当期学员培训、实践和现场教学。

值得注意的是，有7种情形将导致新型职业农民资格被取消。这7种情形分别为：发生农产品质量安全事件的；骗取财政支农惠农补贴资金的；有严重违法行为和不诚信生产经营行为的；有严重破坏生态环境行为的；不再从事农业生产经营的；将证书出借给他人使用的；不接受新型职业农民认定管理服务的。

怎样成为新型职业农民

新型职业农民，是掌握了先进技术和实践经验的职业农民，将第二、第三产业进行融合，应用电商思维，扩展农产品的销售渠道，开展农产品的深加工。若要成为新型职业农民，那么就要报名进行专业培训，培训及格后会取得新型职业农民证书。

报名条件：16～55岁、身体健康、初中及以上文化程度、收入主要来自农业。

报名时间：通常在每年5～7月。

报名地点：试点县农业广播学校、农业机械学校和其他相关农业部门规定的地点。

教育培训事项：培训不收费。以理论教学为基础，实践操作与自学相结合，完成600学时的教学任务。考试合格后，将颁发农业农村部统一印制的新型农民专业证书。

农村基层综合公共服务平台可以办什么事

农村基层综合公共服务平台是指主要在行政村配置的、为广大农村居民公共生活和社会治理提供服务的综合性场所。平台一般具备基本公共服务、社会治理、其他服务三类功能。其中，基本公共服务主要包括卫生计生、文化体育、就业社保、养老助残、妇儿关爱等。社会治理主要包括组织建设、党员活动、综治警务、司法调解、人口管理等。其他服务主要包括邮政信息、便民超市等。一个平台原则上覆盖一个行政村，有实际需要或条件允许的可以覆盖多个村。

此外，还有基层就业和社会保障服务平台。基层就业和社会保障服务平台是指由政府投资建设的县、乡两级公共就业（包括人力资源市场）和社会保障综合服务场所，主要负责提供求职登记、职业介绍、职业指导、面试洽谈、政策咨询、享受就业政策申请审核经办、就业登记、失业登记，各项社会保险参保登记申报缴费、人员变更、资格认定、待遇核发、社保关系转移、政策咨询、宣传服务、档案保管、数据存储等服务。

· · · · · · · · · · · · · · 🔍 看看人家 · · · · · · · · · · · · · ·

女大学生成为种植大户
新农人奔跑在乡村振兴的大道上

金秋九月，梁永英家的800多亩水田稻浪飘香，喜获丰收。

10年前，这个福建龙岩上杭县中都镇军联村的第一个女大学生，选择辞去了在省城的工作，回到老家，当起了新农人。2012年春天，梁永英在村里流转了65亩耕地。由于经验不足、技术匮乏，其中15亩早稻烂在田里，错失农时。后来，得益于一次"回炉重造"，梁永英看到了希望，找到了解决方案。

在上杭县农业农村部门举办的新型职业农民培训班上，梁永英通过课堂学习与田间实训，接触到了科学种养、绿色防控、市场营销等新知识。经过与授课专家的深入探讨，梁永英确定了转型方向——规模化与机械化。

从65亩到近900亩，梁永英成了上杭县经营规模最大的水稻种植户。随后，她对所流转的土地进行高标准农田改造，变小丘为大丘，改分散为连片。很快，路相通、沟相连、旱能灌、涝能排。在此基础上，拖拉机、耕整机、插秧机、收割机、无人机、工厂化育秧棚等全套农机具入驻农场。绿肥轮作、秸秆还田等绿色技术也得以推广。在她的带动下，周边600多户农户转向机械化种植，辐射近5000亩耕地。

（摘自学习强国"福建学习平台"，2021年9月24日，有删改）

看看人家

操控植保无人机，让他成为致富新农人

测地、规划航线、设置参数……一手掌握手柄，一手在遥控器上轻点，一台无人机腾空而起，飞向田间，一道2米宽的"药雾"从天而降，均匀撒在农作物上。这一幕发生在安徽安庆怀宁县平山镇高泽村一水稻种植基地，操作农业植保无人机的是"90后"

小伙子黄其健。

黄其健是安徽芜湖人，他和爱人一起在高泽村经营一个家庭农场。两年前的一次农业技能培训课上，黄其健第一次接触到植保无人机。植保无人机是个新兴行业，它能够改变和优化传统作业方式。近年来，农村大面积施肥、喷洒农药的需求越来越高，由于无人机作业高效、便捷、安全，渐渐受到广大农户的欢迎。对此，黄其健打了一个比方：之前5个人喷洒农药，从早到晚只能喷洒100余亩，现在使用植保无人机，一个人一天就能完成400余亩喷洒作业。无人机的应用让农业生产更加高效，越来越多的年轻人参与这一行业。目前平山镇有植保无人机操作员4人，平均年龄30岁以下。

(摘自安庆新闻网，2021年2月9日，有删改)

3. 灵活就业

灵活就业有哪些形式

《国务院办公厅关于支持多渠道灵活就业的意见》规定，灵活就业人员包括个体经营、非全日制、新就业形态等从业人员。其中新就业形态人员具体是指依托电子商务、网络约车、网络送餐、快递物流等新业态平台实现就业，且没有与新业态平台建立劳动关系的新型就业形态从业人员。个体经营、非全日制以及新就业形态等灵活多样的就业方式，是劳动者就业增收的重要途径。

灵活就业主要有以下3种形式：

自营劳动者：包括自我雇佣者（自谋职业）和以个人身份从事职业活动的自由职业者等。

家庭帮工：即那些帮助家庭成员从事生产经营活动的人员。

其他灵活就业人员：主要是指非全时工、季节工、劳务承包工、劳务派遣工、家庭小时工等一般劳动者。

钟点工、小时工、计件工有没有试用期，工资怎么算

日常生活中常见的小时工、钟点工、计件工，可以理解为非全日制用工。非全日制用工，是指以小时计酬为主，劳动者在同一用人单位一般平均每日工作时间不超过4小时，每周工作时间累计不超过24小时的用工形式。

从事非全日制用工的劳动者可以与一个或者一个以上用人单位订立劳动合同；但是，后订立的劳动合同不得影响先订立的劳动合同的履行。非全日制劳动合同应包括劳动合同生效时间、工作时间、工作内容、劳动报酬及支付形式、职业安全卫生等项条款，其他内容由双方协商确定，但不得违反法律、法规、规章的

规定。

非全日制用工双方当事人可以订立口头协议，但双方当事人不得约定试用期；用工双方当事人任何一方都可以随时通知对方终止用工。终止用工后，用人单位不向劳动者支付经济补偿。

非全日制用工小时计酬标准不得低于用人单位所在地人民政府规定的最低小时工资标准，劳动报酬结算支付周期最长不得超过15日。

灵活就业人员如何领取社保补贴

灵活就业人员能领取社保补贴吗？能领到多少钱？如何办理社保补贴申领呢？如果我一直没找到固定工作，能一直领吗？

国家规定，就业困难人员、离校2年内未就业的高校毕业生实现灵活就业的，均可申领社保补贴。但是，社保补贴是有期限的，不是一直没有固定工作就能一直领。同时还规定，根据对象不同，补贴期限是不一样的。

就业困难人员社保补贴期限最长不超过3年，距法定退休年龄不足5年的可延长至退休。高校毕业生社保补贴期限最长不超过2年。

补贴的具体标准是：按灵活就业后缴纳的社会保险费，给予一定数额的社会保险补贴，原则上不超过实际缴费的三分之二。

申领要求：只要提供基本身份类证明（或毕业证书）原件或复印件、灵活就业证明材料等即可。

人社部门审核后，如果符合条件，会将补贴资金支付到本人社会保障卡银行账户。

辞职后处于灵活就业状态，如何参加养老保险

灵活就业人员达到国家规定的退休年龄，且满足基本养老保险最低缴费年限条件的，可按月领取基本养老金。所以，辞工后处于灵活就业状态的，建议及时参加养老保险。

那么如何参加呢？只需两步。

第一步，申请。携带本人身份证（居住证）或社保卡，到当地社保经办机构办理参保手续。第二步，选择缴费档次交钱。参保后，选择合适的缴费基数档次进行交费。

没有雇帮工的个体工商户、没有在用人单位参加基本养老保险的非全日制从业人员以及其他灵活就业人员都可以根据自身情况，自愿选择参加城镇职工基本养老保险。

参保人员可在本省规定的个人缴费基数上下限范围内选择适当的缴费基数，缴费比例为20%，可选择按月、按季、按半年、按年等方式缴费，缴费全部由个人承担。以灵活就业人员身份参保，缴费比例虽然比企业职工低一些，但享受的待遇与企业职工

是一样的。

以个人身份参保的人员，办理社会保险登记时需填报参加基本养老保险人员情况表，并提供以下证件和资料：

①身份证件；

②户口簿；

③登记前曾在其他统筹地区参保的，还应提供原参保所在地社保机构开具的基本养老保险关系转移表；

④与单位解除劳动关系的，还应提供相关证明；

⑤省、自治区、直辖市社保机构规定的其他证件和资料。

无雇工的个体工商户可以在工商营业执照上登记的经营场所所在地参加企业职工基本养老保险，自愿参加职工医疗保险（含职工社会医疗保险、重大疾病医疗补助和补充医疗保险）和失业保险。

摆地摊要注意什么

在大家眼里，摆地摊卖东西赚钱往往会影响市容环境，但地

摊经济有其独特魅力，在一定程度上也能缓解就业压力。2020年6月1日，国务院总理李克强在山东烟台考察时表示，地摊经济、小店经济是就业岗位的重要来源，是人间的烟火，和"高大上"一样，是中国的生机。摆地摊虽好，国家也支持，但以下这些基本知识不可不了解：

第一，不能随便乱摆。《中华人民共和国道路交通安全法》第三十一条规定：未经许可，任何单位和个人不得占用道路从事非交通活动。也就是说，地摊并非哪里都可以摆。

第二，不能随便乱卖。摆摊时并非什么都能卖，尤其不能销售假冒伪劣产品、法律明令禁止的违禁品，销售食品还必须符合《中华人民共和国食品安全法》的规定。因为《中华人民共和国食品安全法》第三十六条规定：食品生产加工小作坊和食品摊贩等从事食品生产经营活动，应当符合本法规定的与其生产经营规模、条件相适应的食品安全要求，保证所生产经营的食品卫生、无毒、无害，食品安全监督管理部门应当对其加强监督管理。

第三，不能违反消防安全。《中华人民共和国消防法》第二十一条规定：禁止在具有火灾、爆炸危险的场所吸烟、使用明火。因施工等特殊情况需要使用明火作业的，应当按照规定事先办理审批手续，采取相应的消防安全措施；作业人员应当遵守消防安全规定。第二十八条规定：任何单位、个人不得损坏、挪用或者擅自拆除、停用消防设施、器材，不得埋压、圈占、遮挡消火栓或者占用防火间距，不得占用、堵塞、封闭疏散通道、安全出口、消防车通道。人员密集场所的门窗不得设置影响逃生和灭火救援的障碍物。

直播带货如何才能不"翻车"

自从直播带货作为网红经济的一种表现形式面世以来，一直热度不减。随着互联网的不断发展，伴随着电商平台的发展，直播带货成为大家灵活就业的一个重要途径。直播带货为主播带来经济利益的同时，也出现了很多主播直播带货"翻车"的事件。那么，做直播带货要履行的责任有哪些呢？

为了增加人气，不少主播在直播过程中往往会使用"全网最低价""史上最低价""全网最牛产品"等用语。对此，《中华人民共和国广告法》第九条明确规定：广告不得有下列情形……（三）使用"国家级""最高级""最佳"等用语。根据该条法律，当主播在直播过程中说出这些绝对化用语时，就已经违反了《中华人民共和国广告法》的相关规定。

另外，根据《中华人民共和国价格法》的相关规定，当主播通过打出"全网最低价""史上最低价"的招牌，或者虚构原价、虚报优惠折价等方式来吸引消费者购买，而实际上并没有达到其宣传的优惠价格时，就属于经营者利用虚假或者使人误解的价格条件，诱骗消费者或者其他经营者与其进行交易的行为。

此外，从事直播带货还要依法纳税。网络直播平台、网络直播服务机构应依法履行个人所得税代扣代缴义务，不得转嫁或者逃避个人所得税代扣代缴义务，不得策划、帮助网络直播发布者实施逃避纳税行为。如果带货主播是被商家或平台机构雇佣的，收入主要是工资薪金所得，包括提成奖金等，那么个人工资薪金所得税均由公司进行代扣代缴，也可并入年度综合所得统一纳税。如果是以个人名义与平台合作进行直播带货，主播的收入则主要是坑位费和销售提成，收入性质为劳务报酬所得，需要平台方在支付时预扣预缴税款。

因此，主播在直播的时候不能一味只追求人气和收益，而忽略了法律的约束力和自己的责任。

看看人家

特殊时期，一批农民工选择灵活就业

健身教练去送外卖，商店小老板开起网约车，公司职员送快递……受新冠肺炎疫情影响，许多打工者原先的工作受到了冲击，面临失业风险，打零工这种新就业形态成为很多农民工在疫情防控期间的收入来源。

网约车：闲时跑跑，解燃眉之急

河北人李师傅曾在北京丰台区某商场里经营一家鞋店。"每个月租金 2 万元，店员一个月工资 5000 元，实在是养不动了，开着就是亏本。"李师傅说，疫情发生以来，店铺生意一直不见起色，终于狠下了心，把经营多年的店面退租了。

让李师傅庆幸的是，自己来北京打拼多年，有了车，3 年前在平台注册成为一名网约车司机。这份本来只是"闲时跑跑"的活计，没想到现在要靠它养家糊口。"每个月不算油钱，能赚七八千元，够家里开支了。"李师傅还透露，很多一起做生意的朋友这段时间都开起了网约车，"暂时没有商机就只能做这个了，过段时间等等机会吧。"

外卖小哥：门槛较低，说干就干

来自内蒙古巴彦淖尔的外卖骑手白悦东直言，选择成为一名外卖骑手就是看中了这份工作的灵活优势。

曾在建筑工地做技术员的白悦东告诉记者，受疫情影响，很多工地未能开工，他便开始关注那些门槛不高又能快速上手的工作。"一套新的头盔、骑手服，再加上餐箱总共需要 200 元。再租一辆电动车，一个月也只需要 600 元。"白悦东说，这就是他入行的全部成本。

入职的第一天，站点安排了一名老师傅带他。师傅会先给他划出几个周边常去的商圈，让他去踩点，熟悉每个商铺的位置。第二天，白悦东就开始正式接单。

"疫情期间，小区有些门让进，有些门不让进，但手机导航里不会显示。"白悦东还记得接的第一单是送一份麻辣烫到一座写字楼，因为保安不让上去，耽误了一点时间。在熟悉了片区的地理位置后，他已经能够合理地规划时间和路线，这个最大的困难很快就克服了，日送单量也从原来的 7 单上升至 30 多单。

外卖员较为灵活的工作节奏也让白悦东感觉颇为自由。"送外卖干一单是一单的钱，没有做销售那样严格的绩效考核，工作压力也不是很大。"

平面设计：技能傍身，宅家就业

张曦在某灵活用工平台上线了自己的平面设计师服务。"618"电商大促期间，设计师、电商客服等职位需求量较大。一个月下来，宅在家里的她一共接到了 3 个服务订单，累计收入超过 2 万元。"有才能到哪里都能发光。" 在张曦看来，应对疫情，有一技之长就是最大的安全感，她也因此可以依靠这项技能宅在家里实现灵活就业。

(摘自《工人日报》，2021 年 10 月 18 日，有删改)

二 社会保障和职业培训

1. 社会保障

曾在不同省份工作，退休后在哪里领取养老金

很多跨省流动的就业人员有过在多地参保缴费的经历。那么，将来退休后他们应该在哪里领取养老金呢？

跨省流动就业的参保人员达到待遇领取条件时，按照下列规定确定其待遇领取地：

第一，参保人员的最后参保地就是户籍所在地，就在户籍所在地办理待遇领取手续，享受当地基本养老保险待遇。

第二，最后参保地与户籍所在地不一致，但在最后参保地缴费已满10年，则在最后参保地办理待遇领取手续。

第三，在最后参保地缴费不满10年，则转回上一个累计缴费满10年的参保地办理待遇领取手续。

第四，基本养老保险关系不在户籍所在地，且在每个参保地的累计缴费年限均不满10年，则在户籍所在地享受基本养老保险待遇。

怎样申请参加城乡居民养老保险，怎样办理转移接续手续

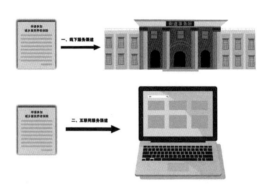

申请参加城乡居民养老保险有以下两种渠道：

第一，线下服务渠道。携带有效身份证件和户口簿，通过户籍所在地的村（居）协办员或乡镇（街道）事务所或县社保机构等线下服务渠道现场办理。

第二，互联网服务渠道。通过登录网站、自助终端、移动应用等人社部门指定的互联网服务渠道，上传有效身份证件、户口簿首页和本人页，填写城乡居民基本养老保险参保登记表。

转移接续手续可以这样办：

缴费期间，参保人员跨省、市、县转移的，可通过互联网服务渠道向转入地提出关系转入申请，或携带居民身份证和变更后的户口簿通过转入地线下服务渠道现场办理。

转入地社保经办机构核实相关信息后，办理转移接续，并告知办理结果。在转移过程中，可通过互联网服务渠道查询业务办理进度。

出现以下情形之一的，应当进行注销登记，终止其城乡居民养老保险关系：参保人员死亡；丧失中华人民共和国国籍；已享受其他基本养老保障待遇。

参保人员死亡的，由其指定受益人或法定继承人通过互联网服务渠道或线下服务渠道，上传或携带指定受益人或法定继承人的有效身份证件，填写城乡居民基本养老保险注销登记表，办理注销登记。

丧失国籍或已享受其他基本养老保障待遇的，可通过互联网服务渠道或线下服务渠道，上传或携带本人的有效身份证件，填写城乡居民基本养老保险注销登记表，办理注销登记。

到了退休年龄，养老保险没缴够年限怎么办

首先，需要明确自己参加哪种养老保险，是城镇职工养老保

险还是城乡居民养老保险。

如果是参加城镇职工养老保险的，根据我国在2011年7月1日出台实施的《中华人民共和国社会保险法》（以下简称《社会保险法》），第一种情况是在《社会保险法》实施后参保并缴费的，到了退休年龄不满足缴费年限要求，需继续缴纳，直至满足条件，再领取基本养老金。第二种情况是在《社会保险法》实施前就参保缴费，实施后到了法定退休年龄，但缴费年限未满，也需要继续逐年缴纳，但缴了5年还缴不满，可以一次性补缴至满15年，然后办理退休手续并领取待遇。

如果是参加城乡居民养老保险的，有三种情况：

第一种情况，新农保或城居保制度实施时，已满60周岁，且未领取过国家规定的基本养老保障待遇的，不用缴费，可以按月领取城居保基础养老金。比如A地2014年实施制度，当时62周岁的陈大爷就可以不缴费，直接按月领取城居保基础养老金。

第二种情况，制度实施时，距规定领取年龄不足15年的，应逐年缴费，也允许补缴，累计缴费不超过15年。比如2014年制度实施时，55周岁的何大姐，应连续5年缴费至60周岁，可按月领取城居保养老金。

第三种情况，制度实施时，距规定领取年龄超过15年的，应按年缴费，累计缴不少于15年才能领养老金。比如在制度实施时，40岁的李姐，应该按年缴费，累计缴费满15年后，到领取年龄时可按月领取城居保养老金。

什么情况下，可以申领失业保险金

大家都知道我们平时缴纳的社保里其中一项是失业保险，但你知道如何领取失业保险金吗？失业人员领取失业保险金，一般来说需要满足三个条件：

①失业前用人单位和本人已缴纳失业保险费满一年；

②非因本人意愿中断就业；

③已经进行失业登记，并有求职要求。

这里提醒大家，失业保险金网上申领全国统一入口已开通，参保失业人员可以通过国家社会保险公共服务平台（si.12333.gov.cn）或电子社保卡申领。

此外，《人力资源社会保障部办公厅关于进一步推进失业保险金"畅通领、安全办"的通知》取消了60日的申领期限，参保失业人员可凭社会保障卡或身份证件，随时到现场或通过网上申报的方式，向参保地经办失业保险业务的公共就业服务机构或者社会保险经办机构申领失业保险金。

政策知多少

工伤保险小知识

职工在两个用人单位同时就业的，其发生工伤后，由哪个单位依法承担工伤保险责任？

《实施〈中华人民共和国社会保险法〉若干规定》第九条规定，职工在两个或者两个以上用人单位同时就业的，各用人单位应当依法分别为职工缴纳工伤保险费。职工发生工伤，由职工受到伤害时工作的单位依法承担工伤保险责任。

一次性工亡补助金标准是多少？

《工伤保险条例》第三十九条规定：一次性工亡补助金标准为上一年度全国城镇居民人均可支配收入的20倍。

一般情况下停工留薪期最长时间为多少？

《工伤保险条例》第三十三条规定：停工留薪期一般不超过12个月。伤情严重或者情况特殊，经设区的市级劳动能力鉴定委员会确认，可以适当延长，但延长不得超过12个月。

治疗工伤所需的医疗费用应由谁支付？

《工伤保险条例》第三十条规定：治疗工伤所需费

用符合工伤保险诊疗项目目录、工伤保险药品目录、工伤保险住院服务标准的，从工伤保险基金支付。

建筑施工企业可以按哪种方式参加工伤保险？

《关于铁路、公路、水运、水利、能源、机场工程建设项目参加工伤保险工作的通知》规定：建筑施工企业相对固定的职工，应按用人单位参加工伤保险。对不能按用人单位参加工伤保险的职工，特别是短期雇佣的农民工，应按项目优先参加工伤保险。

生活不能自理的工伤职工在停工留薪期需要护理的，由谁来负责？

《工伤保险条例》第三十三条规定：生活不能自理的工伤职工在停工留薪期需要护理的，由所在单位负责。

用人单位分立、合并、转让的，由谁来承担原用人单位的工伤保险责任？

《工伤保险条例》第四十三条第一款规定：用人单位分立、合并、转让的，承继单位应当承担原用人单位的工伤保险责任；原用人单位已经参加工伤保险的，承继单位应当到当地经办机构办理工伤保险变更登记。

用人单位实行承包经营的，工伤保险责任由谁来承担？

《工伤保险条例》第四十三条第二款规定：用人单位实行承包经营的，工伤保险责任由职工劳动关系所在单位承担。

职工再次发生工伤，应当如何处理？

《工伤保险条例》第四十五条规定：职工再次发生工伤，根据规定应当享受伤残津贴的，按照新认定的伤残等级享受伤残津贴待遇。

实体社保卡和电子社保卡有什么区别

社会保障卡（以下简称社保卡）是大家享有就业、社保等权益的凭证，是政府民生服务的重要载体，包括实体社保卡和电子社保卡两种形态。领取电子社保卡后，实体社保卡仍然可正常使用。

实体社保卡普遍实现了省内跨地市线下异地办理，大部分地区还开通了实体社保卡的线上申领服务。2021年12月22日，全国统一的社保卡"跨省通办"服务正式上线，群众可通过国家政务服务平台、掌上12333等渠道，在线办理社保卡申领、社保功能启用、补换、临时挂失、制卡进度查询等"跨省通办"服务。线上提交申请，卡片邮寄到家。

电子社保卡可通过国家政务服务平台、国务院客户端微信小程序、电子社保卡小程序、电子社保卡APP、掌上12333，工、农、中、建、交、邮储、招商、平安等各大银行，支付宝、微信、云闪付等全国400多个渠道进行申领。

通过社保卡的银行账户实现各类缴费和待遇领取：

缴费功能：个人各项社会保险缴费、人才人事考试缴费、职业培训缴费等。

待遇领取功能：各项社会保险定期待遇和一次性待遇领取、报销费用领取、就业扶持政策补贴资金领取、重点行业（企业）农民工工资领取等。

在此基础上，部分地区将社保卡进一步扩展到社会救助、残疾服务、扶贫对象、计生对象、耕地粮补等更多惠民惠农财政补贴的资金发放，实现了对群众的便利服务。

电子社保卡将实体社保卡的服务进一步向线上延伸，向更多公共服务领域拓展。目前电子社保卡已开通包括展码、亮证、扫一扫、亲情服务、授权登录等7项基本服务在内的62项全国"一网通办"服务，还加载了1000余项各省市属地服务。

在人社服务领域，电子社保卡可用于电子办事凭证、线上待遇资格认证、快速登录服务等线上身份认证；用于社保参保、就业人才服务、个人就业、职业培训、职业资格、职业技能等级、创业担保贷款等个人信息查询；用于就业创业、社会保险、劳动用工、人才、调解仲裁等业务申办；用于社会保险缴费、人才人事考试缴费、职业培训缴费、工伤医疗费结算等移动支付。

在政务服务领域，电子社保卡可用于各级政务服务平台的身份认证和快速登录，支持扫码就医购药。

在金融服务领域，电子社保卡可用于社保卡银行账户的线上应用，实现民生缴费等移动支付。

在智慧城市服务领域，电子社保卡可用于交通出行，进公园景区、图书馆、博物馆等场所的身份凭证和购票服务。

2. 农民职业培训

有专门针对农民工的培训吗

国家人力资源和社会保障部门实施了农村劳动力技能就业计

划，以农村新成长劳动力、农村富余劳动力和已进城务工的农村劳动者为主要对象，开展职业技能培训。农业部门、扶贫部门、教育部门、科技部门、建设部门和工青妇等群团组织也都开展了形式多样、内容不同的培训活动，为农民工能够顺利进城务工创造条件。

在高风险岗位，根据《中华人民共和国安全生产法》《国务院关于预防煤矿生产安全事故的特别规定》《生产经营单位安全培训规定》等劳动法规，企业应履行农民工安全培训职责。目前多数高危行业已经建立了强制性全员安全培训制度，煤矿等企业招录用人员必须进行岗前安全培训，经考试合格才能上岗。

根据企业用工和农村劳动者不同群体、不同需求，农村劳动者技能培训分为就业技能培训、技能提升培训和专业技能培训。国家制定了培训补贴基础标准，进一步完善农民工培训补贴政策。按照农民工所学技能的难易程度、时间长短和培训成本，以通用型工种为主，科学合理地确定培训补贴基本标准，并根据实际情况逐步提高补贴标准，使农民工能够至少掌握一门实用技能。

新生代农民工指的是哪些人，可以参加哪些方面的培训

新生代农民工主要是指在 1980 年及之后出生的，常住地在城镇、户籍地在乡村的劳动力。

为使农民工特别是新生代农民工有更多受教育培训机会，提高专业技能和胜任岗位能力，将其培养成为高素质技能劳动者和稳定就业的产业工人，人力资源和社会保障部于2019年1月印发了《新生代农民工职业技能提升计划（2019—2022年)》。在政策设计上，以新生代农民工为核心受益群体，通过多种举措，鼓励农民工、培训机构、用工单位参与到培训中来。

新生代农民工可以参加的培训很多，为了实现普遍、普及和普惠的培训目标，《新生代农民工职业技能提升计划（2019—2022年)》明确将从事非农产业的技能劳动者都纳入培训计划。在不同就业形态对应的培训中，分别提出创新举措，体现在四方面：

第一，对准备就业人员，提出对在公共就业服务平台登记培训愿望的农民工，在1个月内提供相应的培训信息或统筹组织参加培训。

第二，对已就业人员，提出鼓励企业重点对新生代农民工开展企业新型学徒制培训。对具备条件的技能人才，开展岗位创新创效培训。强调加强劳模精神和工匠精神的培育，引导新生代农民工爱岗敬业，追求精益求精。2018年，人力资源和社会保障部在全国全面推行企业新型学徒制，已经要求各地将农民工、建档立卡贫困劳动力作为重点培养对象。

第三，对建档立卡贫困劳动力，提出精准掌握就业困难人员中新生代农民工的基本情况，优先提供技能培训服务或技工教育。

第四，对拟创业和创业初期人员，提出重点开展电子商务培训。对具备一定条件的人员开展以创办个体工商户和创办小微企业为中心的创业技能培训。对已创业人员，持续开展改善或扩大企业经营的创业能力提升培训和企业经营指导。这一举措体现了新产业、新业态、新商业模式对创业技能的要求，并充分考虑了新生代农民工实际情况，将帮助更多农民工实现就地就近就业创业，助力乡村振兴。新生代农民工可以从自己的需求出发选择参加相应的培训，详情可咨询当地人力资源社会保障部门。

贫困家庭学生就读技工院校可以享受哪些扶持政策

各省级人力资源社会保障部门于每年4月底前向社会公布技能脱贫千校行动重点院校和重点专业，供建档立卡贫困家庭学生选择就读。家长和学生可通过人力资源社会保障基层工作平台、基层扶贫机构、驻村工作队、"第一书记"和农村基层组织等寻求帮助。确定就读意向后，可登录意向学校官方网站按照招生简章要求，申请就读入学。如果所在地区没有合适的院校，也可以跨区域选择就读院校，各项资助政策均不受影响。其中，建档立卡贫困家庭学生就读技工院校可以享受以下支持政策：

第一，各技工院校开辟招生绿色通道，优先招生，优先选择专业；优先落实免学费、助学金、奖学金等助学政策；优先安排实习，优先推荐就业。

第二，对接受技工教育的贫困家庭学生，按规定享受国家助学金、免学费政策，并享受由当地制定的减免学生杂费、书本费和给予生活费补助的政策。

第三，对子女接受技工教育的农村建档立卡贫困家庭，落实《国务院扶贫办 教育部 人力资源和社会保障部关于加强雨露计划支持农村贫困家庭新成长劳动力接受职业教育的意见》要求，按照每生每年3000元左右的标准给予补助。

第四，承担中央确定的东西扶贫协作的省份，鼓励帮扶省市加大对受帮扶省市贫困家庭就读技工院校的学生给予生活费补助。

第五，落实职业技能鉴定补贴政策，为建档立卡贫困学生免费鉴定、免费发证。

企业新型学徒制是新生代农民工学技术的好路子

企业新型学徒制是按照政府引导、企业为主、院校参与的原则，在企业（含拥有技能人才的其他用人单位）全面推行的，以"招工即招生、入企即入校、企校双师联合培养"为主要内容的学徒培训制度。

如果所在的企业开展了企业新型学徒制培训，并且是与企业签订了一年以上劳动合同的技能岗位新招用或转岗等人员，那么就可以被列为培养对象。学徒培养目标以符合企业岗位需求的中、高级技术工人为主，培养期限为1~2年，特殊情况可延长到3年。

学徒培养的主要职责由所在企业承担。国家对开展学徒培训的企业按规定给予职业培训补贴，学徒每人每年的补贴标准原则上不低于4000元。

培训内容方面，根据产业转型升级和高质量发展要求，紧扣制造强国、质量强国、网络强国、数字中国建设之急需和企业未来技能需求，依据国家职业技能标准和行业、企业培训评价规范开展相应职业（工种）培训，积极应用"互联网+"、职业培训包等培训模式。重点加大企业生产岗位技能、数字技能、绿色技能、安全生产技能和职业道德、职业素养、工匠精神、质量意识、法律常识、创业创新、健康卫生等方面培训力度。

但是，由于各地情况不尽一致，《职业技能提升行动方案（2019—2021年）》指出，支持地方调整完善职业培训补贴政策。省级人力资源社会保障部门、财政部门可在规定的原则下结合实际调整享受职业培训补贴人员范围和条件要求，比如，浙江省就将与企业签订一年实习协议和就业协议的技工院校毕业年度在企实习学生纳入了企业新型学徒制的培养范围。市（地）级以上人力资源社会保障部门、财政部门可在规定的原则下结合实际确定职业培训补贴标准。部分省份或市（地）依据培训职业（工种）类型、培训对象取得证书的类型等确定了不同的培训补贴标准。

所以，要参加企业新型学徒制培训，需要及时关注地方的相关政策，详情可咨询当地人力资源社会保障部门。

参加企业开展的培训期间能不能领工资

企业开展的很多培训都可以纳入培训补贴的范畴，如岗前培训、在岗培训、脱产培训，高技能人才培训等；化工、矿山等高危行业企业组织的从业人员和各类特种作业人员参加的安全技能培训；困难企业开展的转岗转业培训，另外还有企业新型学徒制培训等。

职业技能提升行动方案指出，鼓励企业与参训职工协商一致灵活调整工作时间，保障职工参训期间应有的工资福利待遇。

此外，贫困劳动力、就业困难人员、零就业家庭成员、城乡未继续升学初高中毕业生中的农村学员和城市低保家庭学员，在培训期间按规定可以领取生活费补贴。

职业资格证书有啥用，怎样获得职业资格证书

国家实行职业资格证书制度和就业准入制度，部分涉及国家财产、人民生命安全和消费者利益的职业、工种、从业人员，必须取得相应的职业资格证书后才能上岗。拥有职业资格证书，意

味着自己的能力得到社会的认可，从而可以更容易地找到适合自己的工作。

获取职业资格证书，首先要掌握必要的专业知识和技能，如果还不具备条件，应先参加职业技能培训，然后到当地职业技能鉴定机构申请参加职业技能鉴定。经鉴定合格后，由人力资源和社会保障部门核发相应的职业资格证书。

广东发布乡村工匠专业人才职称评价标准

为加快推动乡村人才振兴，完善广东农业农村专业人才职称评价体系，广东省人社厅联合广东省农业农村厅，发布《广东省农业农村专业人才职称评价改革实施方案》（以下简称《方案》），统筹推进农业技术人才、农业工程技术人才和乡村工匠专业人才三个类别的职称评价改革，涵盖在乡村一线工作的方方面面的专业人才。这三个类别的职称均设置从员级到正高级共5个层级，职称评价专业可围绕广东省乡村振兴战略任务和农业未来发展方向动态调整。其中，乡村工匠专业人才职称评价为全国首创开展。

本次改革中，全国首创开展的乡村工匠专业人才职称评价有三个特点：

第一，特定的对象。聚焦于开发广东省100多万农村实用人才资源，让活跃在乡村一线的"土专家""田秀才"等人才能脱颖而出。

第二，特定的标准。有别于常规职称评审，乡村工匠专业人才职称评价重点突出实践、实操能力考核，围绕社会效益、经济效益、带动能力和群众认可度设置评价条件。对于学历、课题、论文等，放宽条件或不作要求。

第三，特定的使用。乡村工匠专业人才职称只适用广东省乡村基层一线。流动到事业单位的，其职称不作为聘用的有效依据，必须经转评取得其他专业职称后方可聘任。

此外，《方案》提出将建立国家专业技术人员职业资格与农业技术人才职称对应关系，通过国家执业兽医资格考试、取得执业兽医师资格，可视同具备助理兽医师职称。逐步打通农业农村领域高技能人才与专业技术人才职业发展通道，开展技能类职业资格（职业技能等级）与农业农村专业人才职称贯通评价。

在具体评价标准上：本次改革注重考察农业农村专业人才的技术性、实践性和创新性，尤其是解决实际问题的能力，避免过于学术化倾向。

对于农业技术人才，重点评价技术创新、成果转化、技术推广、决策咨询、解决实际问题等方面的能力。

对于农业工程技术人才，重点评价其发明创造、技术推广应用、工程项目设计、工艺流程标准开发转化等方面的能力。

对于乡村工匠专业人才，重点评价技能技艺掌握程度和在农业技术推广、带头致富、脱贫攻坚等方面的贡献。

《方案》将农业农村专业人才取得的经济效益、社会效益和生态效益作为职称评审的重要内容，将新理念、新技术推广应用情况，开展培训情况，参与农业农村管理服务情况等均列入评价指标。引导广大农业农村专业人才深入田间地头，把论文写在大地上。

（摘自"南方+"，2021年3月16日，有删改）

"粤菜师傅"培训：成就了忠记云吞濑粉世家

广州市增城区正果镇忠记云濑世家的老板陈冠忠是地道的增城正果人。在经营忠记云濑世家美食店之前，他曾修过摩托车、开过货车、做过工地，虽然从小对厨艺兴趣浓厚，但始终没有找到合适时机从事美食行业。

2016年，增城区大力开展生态旅游城市创建，正果镇以地方特色传统美食为突破口，打造"美食一条街"项目。陈冠忠毅然回乡创业，经营自己拿手的正果云吞和兰溪濑粉。经过两年的发展，忠记云濑世家慢慢走上轨道，彼时，陈冠忠苦于厨艺方面的局限，仅会做几道主营美食，对其他美食了解不多，难以扩大品类。出于内心对厨艺矢志不渝的热爱，2018年，陈冠忠通过参加增城区人社局组织的"粤菜师傅"培训课程，学到了粤菜制作精湛的技术和艺术，主打经营的云吞和濑粉得到更好的改良。此外，他还学会了鱼皮、鸡爪、家乡腐皮的制作，并且秘制了忠记牌辣椒酱，深得食客喜爱。在政府部门的创业指导下，他还学会了电商的销售模式以及通过自媒体推销自家特色美食。通过宣传自家的匠心、良心之作，忠记云濑世家一时名声大噪，吸引八方游客慕名前来。最高峰的时候，小小的云濑店需要雇20多个帮厨应付日均近600人的客流量。经营这家美食店，让陈冠忠真正实现了一人创业致富，带旺一批就业增收。

通过政府就业部门的介入，陈冠忠搭上了申请"粤菜师傅"工程创业贷款的"顺风车"，2021年4月成功申请并获得了"粤菜师傅"专项创业贷款50万元。提到这50万元的贷款，陈冠忠喜上眉梢，马上扩大店面，开设分店，成立正果美食研发室。让正果云吞和濑粉走出正果、走向珠三角，是他的心愿，这50万元创业贷款为他圆梦提供了巨大的支持。在陈冠忠的示范引领下，正果美食街另一家经营鹅汤糍和客家小食的黎建华，也成功获得了40万元创业贷款，正磨刀霍霍准备大干一番事业。借助名厨名师资源，通过粤菜技能人才培训的正果粤菜师傅们正成为带领正果人民致富奔康的"金钥匙"和开拓人。

(摘自中国劳动保障新闻网，2022年7月14日，有删改)

看看人家

不断参加技能培训，圆了她20年的民宿梦

王改芳是乡村振兴的排头兵，她在做好厨师工作的同时，还带头钻研编织技艺，带动一大批当地农村妇女就业。后来，王改芳又成为北京槐井石舍文化旅游有限公司的民宿管家主管。其间，她主动学习手工扎染技术，让游客来到民宿休闲放松的同时，还可以享受多彩的度假生活。

从甘肃到北京，从 18 岁到 38 岁，寻梦的路她走了 20 年。2003 年，王改芳嫁到北京市门头沟区雁翅镇，因为住在镇上，之前的单位离家太远，王改芳只能另寻出路。令她没想到的是，人力资源和社会保障部门组织的免费技能提升培训成了突破口。"在参加了雁翅镇社保所办的手工编织培训班后，每个月光靠编织就能有几百元的收入。"她指着一只手工编织的长颈鹿说。

面点培训、咖啡拉花培训、民宿管家培训……只要是门头沟区人力资源和社会保障局及社保所组织的培训，王改芳都积极参加。这些技能培训增加了王改芳的就业软实力，最终她应聘到北京槐井石舍文化旅游有限公司，成了一名民宿服务员。

"我常常告诉自己，干一行就要爱一行，要当个事儿做，虽然做的是最基层的工作，但也要做好！"王改芳说。虽然之前参加过技能培训，掌握了一些民宿服务的基础技能，但为了把被子叠到专业水准，王改芳还是一遍一遍地练习；怎么摆放餐具最标准，上菜应该从哪个位置上，她都会买来书籍或从网上查找相关视频学习。王改芳的努力大家看在眼里，老板给她升了职，她从一名服务员成为民宿管家。就这样，王改芳靠着诚信与踏实肯干，不仅在北京立住脚跟，还闯出了自己的一片天地。很多顾客都因为王改芳的热情与专业，成为她工作所在民宿的回头客。她也凭借着自己的努力与好学，获得了"全国优秀农民工"的荣誉称号。

（摘自《工人日报》，2021 年 5 月 28 日，有删改）

三 劳动权益保障

1. 劳动合同

打工勤劳是根本，劳动合同是保障

外出打工是好事，是农民挣钱的一种方式，签订书面劳动合同则是保护自己权益最有效的方法。

签订劳动合同的目的：一是保护劳动者和用人单位双方的权利；二是明确劳动者与用人单位之间的劳动关系；三是在发生劳动争议时，能够有据可凭，有法可依。

有很多外出打工的农民朋友没把签订劳动合同当回事，吃了亏、上了当后才后悔当初没有与用人单位签订劳动合同。如有的打工者未与用人单位签订劳动合同，被用人单位无端克扣工资后，想告到劳动争议仲裁委员会，又没有真凭实据，只好"哑巴吃黄连"，自认倒霉。还有的打工者，因未与用人单位签订劳动合同，无故被解除劳动关系而无处"评理"。有些用人单位不遵守国家法律和有关政策规定，不与职工签订劳动合同。在这种情况下，可以主动提出要求，与用人单位签订劳动合同；如果用人单位有工会组织，可以找工会反映情况，由工会出面与用人单位协商签订劳动合同的有关事宜；如果用人单位执意不签订劳动合同，可以直接向用人单位所在地区的人社行政部门（劳动监察部门）举报，接到举报后，地方人社行政部门将敦促用人单位尽快与职工签订劳动合同。因此，外出打工要保护好自己的权利，就必须依据《劳动合同法》主动提出和用人单位签订书面劳动合同。

与用工单位签订劳动合同，应当包括哪些主要内容

劳动合同的必备条款包括：

①用人单位的名称、住所和法定代表人或者主要负责人；

②劳动者的姓名、住址和居民身份证或者其他有效身份证件号码；

③劳动合同期限；

④工作内容和工作地点；

⑤工作时间和休息休假；

⑥劳动报酬；

⑦社会保险；

⑧劳动保护、劳动条件和职业危害防护；

⑨法律、法规规定应当纳入劳动合同的其他事项。

此外，用人单位与劳动者还可以约定试用期、培训、保守秘密、补充保险和福利待遇等事项。

劳动合同对劳动报酬和劳动条件等标准约定不明确，引发争议的，用人单位与劳动者可以重新协商；协商不成的，适用集体合同规定；没有集体合同或者集体合同未规定劳动报酬的，实行同工同酬；没有集体合同或者集体合同未规定劳动条件等标准的，适用国家有关规定。

法律规定合同期限分为三种：一是有固定期限，如1年期限、3年期限等均属这一种；二是无固定期限，合同期限没有具体时间约定，只约定终止合同的条件，若无特殊情况，这种期限的合同应存续到劳动者达到退休年龄；三是以完成一定工作任务为期限的劳动合同。

单位合并，新用工单位解除劳动合同时要不要算原单位的工作年限

用人单位发生合并或者分立等情况，原劳动合同继续有效，劳动合同由承继其权利和义务的用人单位继续履行。

劳动者不是因为本人原因从原用人单位被安排到新用人单位工作的，劳动者在原用人单位的工作年限，与新用人单位的工作年限合并计算。新用工单位要解除合同的话，经济补偿的工作年限与旧单位合并计算。

原用人单位已经向劳动者支付经济补偿的，新用人单位在依法解除、终止劳动合同计算支付经济补偿的工作年限时，不再计算劳动者在原用人单位的工作年限。

用工单位可以与务工人员约定服务期限和违约金吗

《劳动合同法》就这个问题做了规定，用人单位为务工人员提供专项培训费用、对务工人员进行了专业技术培训的，可以约定一定年限的服务期限，期满后才能离职。

务工人员违反服务期约定的，应当按照约定向用人单位支付

违约金。违约金的数额不得超过用人单位提供的培训费用，并且要扣除已经服务年限对应分摊的培训费用。

用人单位与劳动者约定服务期的，不影响按照正常的工资调整机制提高劳动者在服务期的劳动报酬。

如何计算解除劳动合同的经济补偿

很多情况下，用人单位与劳动者解除或终止劳动合同需要支付经济补偿金，那么经济补偿该如何计算呢？

经济补偿按照劳动者在本单位工作的年限，每满1年支付1个月工资的标准向劳动者支付。6个月以上不满1年的，按1年计算；不满6个月的，向劳动者支付半个月工资的经济补偿。这里的月工资，是指劳动者在劳动合同解除或终止前12个月的平均工资。如果不满12个月的，按照实际工作的月数计算平均工资。

经济补偿的月工资按照劳动者应得工资计算，包括计时工资或者计件工资以及奖金、津贴和补贴等货币性收入。劳动者在劳动合同解除或者终止前12个月的平均工资低于当地最低工资标准的，按照当地最低工资标准计算。劳动者工作不满12个月的，按照实际工作的月数计算平均工资。

劳动合同

劳动合同对试用期有哪些规定

初入职场往往要经历试用期。那么试用期可以不签劳动合同、不缴社保吗？ 试用期一般有多长时间？ 一起了解常见的试用期"操作"和"说法"。

第一，试用期的时长规定。试用期的时长是有明确规定的，不是想定多久就多久。《劳动合同法》第十九条规定：劳动合同期限3个月以上不满1年的，试用期不得超过1个月；劳动合同期限1年以上不满3年的， 试用期不得超过2个月； 3年以上固定期限和无固定期限的劳动合同， 试用期不得超过6个月。 同一用人单位与同一劳动者只能约定一次试用期。 以完成一定工作任务为期限的劳动合同或者劳动合同期限不满3个月的， 不得约定试用期。 试用期包含在劳动合同期限内。 劳动合同仅约定试用期的， 试用期不成立，该期限为劳动合同期限。

试用期不是劳动合同的必备条款。 是否约定试用期， 由双方当事人根据实际情况协商， 也可以不约定。 当事人没有约定试用期的劳动合同不影响其成立与生效。

第二，试用期工资不能随便定。《劳动合同法》《劳动合同法实施条例》规定， 劳动者在试用期的工资不得低于本单位相同岗位最低档工资的80% 或者不得低于劳动合同约定工资的80%， 并不得低于用人单位所在地的最低工资标准。

第三，试用期不可以不缴社保。《社会保险法》第五十八条规定：用人单位应当自用工之日起30日内为其职工向社会保险经办机构申请办理社会保险登记。未办理社会保险登记的，由社会保险经办机构核定其应当缴纳的社会保险费。用人单位和劳动者都必须依法参加社会保险、缴纳社会保险费，这是法律强制规定的。即使是在试用期内用人单位与劳动者协商一致，也不能不缴社保。

第四，试用期必须签订劳动合同。《劳动合同法》规定：用人单位自用工之日起即与劳动者建立劳动关系。建立劳动关系，应当订立书面劳动合同。已建立劳动关系，未同时订立书面劳动合同的，应当自用工之日起1个月内订立书面劳动合同。

用人单位自用工之日起超过1个月不满1年未与劳动者订立书面劳动合同的，应当向劳动者每月支付2倍的工资。

另外，《劳动合同法》第三十七条还规定：劳动者在试用期内提前3日通知用人单位，可以解除劳动合同。所以，试用期内劳动合同不能随便解除。

如何规范订立电子劳动合同

为指导用人单位和劳动者依法规范订立电子劳动合同，人力资源和社会保障部先后下发《人力资源社会保障部办公厅关于订立电子劳动合同有关问题的函》和《人力资源社会保障部办公厅关于发布〈电子劳动合同订立指引〉的通知》，明确了订立电子劳动合同的流程和各环节需满足的条件。

有订立电子劳动合同意愿的用人单位和劳动者可按照相关规定协商一致订立电子劳动合同，确保电子劳动合同真实、完整、准确，不被篡改。

2. 劳动权益维护

如何通过劳动仲裁解决劳动纠纷

在外务工，难免会遇到各种各样的劳动纠纷。遇到劳动纠纷时，通过劳动人事争议调解仲裁（以下简称劳动仲裁）解决纠纷是其中一个重要途径。下面一起了解关于劳动仲裁的几个基本知识。

第一，哪些争议属于劳动、人事争议？

①企业、个体经济组织、民办非企业单位等组织与劳动者之间，以及机关、事业单位、社会团体与其建立劳动关系的劳动者之间，因确认劳动关系，订立、履行、变更、解除和终止劳动合

同，工作时间、休息休假、社会保险、福利、培训以及劳动保护、劳动报酬、工伤医疗费、经济补偿或者赔偿金等发生的争议。

②实施公务员法的机关与聘任制公务员之间、参照公务员法管理的机关（单位）与聘任工作人员之间因履行聘任合同发生的争议。

③事业单位与其建立人事关系的工作人员之间因终止人事关系以及履行聘用合同发生的争议。

④社会团体与其建立人事关系的工作人员之间因终止人事关系以及履行聘用合同发生的争议。

⑤军队文职人员用人单位与聘用制文职人员之间因履行聘用合同发生的争议。

⑥法律、法规规定由劳动人事争议仲裁委员会处理的其他争议。

第二，发生劳动、人事争议可以通过哪些途径解决？

《中华人民共和国劳动争议调解仲裁法》（以下简称《劳动争议调解仲裁法》）第九条规定：劳动者可以向劳动行政部门投诉。当事人可以到劳动保障行政部门举报投诉或拨打投诉热线12333。

根据《劳动争议调解仲裁法》第四条、第五条以及《人事争议处理规定》第三条的规定，发生劳动人事争议，当事人还可以通过下列途径解决：

①协商。当事人可以自行协商解决，也可以请工会或者第三

方共同与用人单位协商。

②调解。当事人不愿意协商、协商不成或者达成和解协议后不履行的，可以向调解组织申请调解。调解遵循双方自愿原则。

③仲裁。不愿调解、调解不成或者达成调解协议后不履行的，可以向劳动人事争议仲裁委员会申请仲裁。

④诉讼。对仲裁裁决不服的，除法律另有规定的外，可以向人民法院提起诉讼。

第三，一方当事人不执行仲裁裁决书、调解书怎么办？

根据《劳动争议调解仲裁法》规定，当事人对发生法律效力的调解书、裁决书，应当依照规定的期限履行。

一方当事人逾期不履行的，另一方当事人可以依照《民事诉讼法》有关规定向人民法院申请执行。受理申请的人民法院应当依法执行。

第四，不服从仲裁裁决怎么办？

劳动者对仲裁裁决（含终局裁决及非终局裁决）不服的，可以自收到仲裁裁决书之日起15日内向人民法院提起诉讼。

用人单位对终局裁决不服，符合法律规定条件的，可以自收到仲裁裁决书之日起30日内向仲裁机构所在地的中级人民法院申请撤销裁决。

用人单位对于非终局裁决不服的，可以自收到仲裁裁决书之日起15日内向人民法院提起诉讼。期满不起诉的，裁决书发生法律效力。

根据《劳动争议调解仲裁法》，下列劳动争议，除法律另有规定的外，仲裁裁决为终局裁决，裁决书自作出之日起发生法律效力：一是追索劳动报酬、工伤医疗费、经济补偿或者赔偿金，不超过当地月最低工资标准12个月金额的争议；二是因执行国家的劳动标准在工作时间、休息休假、社会保险等方面发生的争议。

为防止发生劳动争议，平时就要注意收集劳动证据

劳动者在劳动争议发生前就应该注意保留有关证据。主要的证据包括：

①来源于用人单位的证据，如与用人单位签订的劳动合同或者与用人单位存在事实劳动关系的证明材料、工资单、用人单位签订劳动合同时收取押金的收条、用人单位解除或终止劳动关系通知书、出勤记录等；

②来源于其他主体的证据，如职业中介机构的收费单据；

③来源于有关社会机构，如发生工伤或职业病后的医疗诊断证明或者职业病诊断证明书、职业病诊断鉴定书、向劳动保障行政部门寄出举报材料等的邮局回执；

④来源于劳动保障部门的证据，如劳动保障部门告知投诉受理结果或查处结果的通知书。

农民工可以就哪些事项向法律援助机构申请法律援助

法律援助就是国家对经济困难或特殊案件的当事人给予免收法律服务费用提供法律帮助的一项法律制度。

《法律援助条例》第十条规定，在民事和行政案件中，公民对下列需要代理的事项，因经济困难没有委托代理人的，可以向法律援助机构申请法律援助：

①依法请求国家赔偿的；

②请求给予社会保险待遇或者最低生活保障待遇的；

③请求发给抚恤金、救济金的；

④请求给付赡养费、抚养费、扶养费的；

⑤请求支付劳动报酬的；

⑥主张因见义勇为行为产生的民事权益的。

省、自治区、直辖市人民政府可以对前款规定以外的法律援助事项作出补充规定。

此外，《法律援助条例》第十条所列民事和行政案件申请法律援助，应当按照下列规定提出：

①请求国家赔偿的，向赔偿义务机关所在地的法律援助机构提出申请；

②请求给予社会保险待遇、最低生活保障待遇或者请求发给抚恤金、救济金的，向提供社会保险待遇、最低生活保障待遇或者发放抚恤金、救济金的义务机关所在地的法律援助机构提出申请；

③请求给付赡养费、抚养费的，向给付赡养费、抚养费的义务人住所地的法律援助机构提出申请；

④请求支付劳动报酬的，向支付劳动报酬的义务人住所地的法律援助机构提出申请；

⑤主张见义勇为行为产生的民事权益的，向被请求人住所地的法律援助机构提出申请。

农民工获得工资报酬，有哪些基本规定

农民工工资应当以货币形式，通过银行转账或者现金支付给农民工本人，不可以用实物或者有价证券等其他形式替代工资。

用人单位应当按照与农民工书面约定或者依法制定的规章制度规定的工资支付周期和具体支付日期足额支付工资。用人单位与农民工书面约定或者依法制定的规章制度规定的具体支付日期，可以在农民工提供劳动的当期或者次期。具体支付日期遇法定节

假日或者休息日的，应当在法定节假日或者休息日前支付。

用人单位应当按照工资支付周期编制书面工资支付台账，并至少保存3年。用人单位向农民工支付工资时，应当提供农民工本人的工资清单。书面工资支付台账应当包括用人单位名称、支付周期、支付日期、支付对象姓名、身份证号码、联系方式、工作时间、应发工资项目及数额，代扣、代缴、扣除项目和数额，实发工资数额，银行代发工资凭证或者农民工签字等内容。

用人单位拖欠农民工工资的，应当依法予以清偿。被拖欠工资的农民工有权依法向用工所在地劳动保障监察部门或行业主管部门投诉，或者申请劳动争议调解仲裁和提起诉讼。任何单位和个人对拖欠农民工工资的行为，有权向人力资源社会保障行政部门或者其他有关部门举报。

四　劳动安全与职业健康

1. 劳动安全

务工挣钱是目的，安全第一是前提

安全是第一位的。劳动者在安全生产方面享有的基本权利有：

①生产经营单位的劳动者有权了解其作业场所和工作岗位存在的危险因素、防范措施及事故应急措施，有权对本单位的安全生产工作提出建议。

②劳动者拒绝用人单位管理人员违章指挥、强令冒险作业的，不视为违反劳动合同。劳动者对危害生命安全和身体健康的劳动条件，有权对用人单位提出批评、检举和控告。这一规定明确了劳动者拒绝违章指挥、强令冒险作业的权利。违章指挥是劳动现场的管理人员要求劳动者违反规章制度和操作规程进行作业；强令冒险作业是指劳动现场的指挥管理人员违反法律法规和操作规程的规定，强行命令劳动者从事不安全和容易引发危险的劳动。

③劳动者有权对本单位安全生产工作中存在的问题提出批评、检举、控告。生产经营单位不得因劳动者对本单位安全生产工作提出批评、检举、控告或者拒绝违章指挥、强令冒险作业而降低其工资、福利等待遇或者解除与其订立的劳动合同。

④劳动者发现直接危及人身安全的紧急情况时，有权停止作业或者在采取可能的应急措施后撤离作业场所。生产经营单位不得因劳动者在紧急情况下停止作业或者采取紧急撤离措施而降低其工资、福利等待遇或者解除与其订立的劳动合同。

⑤因生产安全事故受到损害的劳动者，除依法享有工伤社会保险外，依照有关民事法律尚有获得赔偿权利的，有权向本单位提出赔偿要求。

劳动者应当遵守安全生产的规章制度

为确保劳动安全，劳动者应该自觉严格遵守有关安全生产的规章制度，应尽的义务有：

①劳动者在作业过程中，应当严格遵守本单位的安全生产规章制度和操作规程，服从管理，正确佩戴和使用劳动防护用品。

②劳动者应当接受安全生产教育和培训，掌握本职工作所需的安全生产知识，提高安全生产技能，增强事故预防和应急处理能力。

③劳动者发现事故隐患或者其他不安全因素，应当立即向现场安全生产管理人员或者本单位负责人报告；接到报告的人员应当及时予以处理。

从事建筑施工工作要注意的安全生产规范

建筑工程领域是农民朋友外出务工的重点领域之一。一般而言，施工单位从事建设工程的新建、扩建、改建和拆除等活动，应当具备国家规定的注册资本、专业技术人员、技术装备和安全生产等条件，依法取得相应等级的资质证书，并在其资质等级许可的范围内承揽工程。

特种作业人员安全规范。垂直运输机械作业人员、安装拆卸工、爆破作业人员、起重信号工、登高架设作业人员等特种作业人员，必须按照国家有关规定经过专门的安全作业培训，并取得特种作业操作资格证书后，方可上岗作业。

危险性工程和危险部位安全规范。施工单位应当在施工组织设计中编制安全技术措施和施工现场临时用电方案，对达到一定规模的危险性较大的分部分项工程编制专项施工方案并附具安全测算结果，经施工单位技术负责人、总监理工程师签字后实施，由专职安全生产管理人员进行现场监督。监督内容包括：基坑支护与降水工程，土方开挖工程，模板工程，起重吊装工程，脚手架工程，拆除、爆破工程，国务院建设行政主管部门或者其他有关部门规定的其他危险性较大的工程等。对于涉及深基坑、地下暗挖工程、高大模板工程的专项施工方案，施工单位还应当组织专家进行论证、审查。施工单位应当在施工现场入口处、施工起重机械、临时用电设施、脚手架、出入通道口、楼梯口、电梯井口、孔洞口、桥梁口、隧道口、基坑边沿、爆破物及有害危险气体和液体存放处等危险部位，设置明显的安全警示标志。安全警示标志必须符合国家标准。

作业人员安全防范的权利和义务。施工单位应当向作业人员提供安全防护用具和安全防护服装，并书面告知危险岗位的操作规程和违章操作的危害。作业人员有权对施工现场的作业条件、作业程序和作业方式中存在的安全问题提出批评、检举和控告，有权拒绝违章指挥和强令冒险作业。施工中发生危及人身安全的紧急情况时，作业人员有权立即停止作业或者在采取必要的应急措施后撤离危险区域。作业人员应当遵守安全施工的强制性标准、规章制度和操作规程，正确使用安全防护用具、机械设备等。作业人员进入新的岗位或者新的施工现场前，应当接受安全生产教育培训。未经教育培训或者教育培训考核不合格的人员，不得上岗作业。施工单位在采用新技术、新工艺、新设备、新材料时，也应当对作业人员进行相应的安全生产教育培训。施工单位应当为施工现场从事危险作业的人员办理意外伤害保险。意外伤害保险费由施工单位支付。实行施工总承包的，由总承包单位支付意外伤害保险费。意外伤害保险期限自建设工程开工之日起至竣工验收合格止。

安全防护用具、机械设备、施工机具安全防范。施工单位采购、租赁的安全防护用具、机械设备、施工机具及配件，应当具有生产（制造）许可证、产品合格证，并在进入施工现场前进行查验。施工现场的安全防护用具机械设备、施工机具及配件必须由专人管理，定期进行检查、维修和保养，建立相应的资料档案，并按照国家有关规定及时报废。施工单位在使用施工起重机械和整体提升脚手架、模板等自升式架设设施前，应当组织有关单位进行验收，也可以委托具有相应资质的检验检测机构进行验收；使用承租的机械设备和施工机具及配件的，由施工总承包单位、分包单位、出租单位和安装单位共同进行验收。验收合格的方可使用。

什么情形可以认定为工伤

《工伤保险条例》第十四条规定，职工有下列情形之一的，应当认定为工伤：

①在工作时间和工作场所内，因工作原因受到事故伤害的；

②工作时间前后在工作场所内，从事与工作有关的预备性或者收尾性工作受到事故伤害的；

③在工作时间和工作场所内，因履行工作职责受到暴力等意外伤害的；

④患职业病的；

⑤因工外出期间，由于工作原因受到伤害或者发生事故下落不明的；

⑥在上下班途中，受到非本人主要责任的交通事故或者城市轨道交通、客运轮渡、火车事故伤害的；

⑦法律、行政法规规定应当认定为工伤的其他情形。

什么情形不能认定为工伤

根据《社会保险法》第三十七条，职工因下列情形之一导致本人在工作中伤亡的，不认定为工伤：

①故意犯罪；

②醉酒或者吸毒；

③自残或者自杀；

④法律、行政法规规定的其他情形。

认定工伤后可以享受哪些工伤保险待遇

工伤保险是社会保险制度的重要组成部分。它是国家通过社会统筹，建立工伤保险基金，对工伤职工因在生产、工作中遭受事故伤害和罹患职业病时提供医疗救治、生活保障、经济补偿和职业康复等帮助的一种社会保障制度。

《工伤保险条例》规定，工伤职工可享受的各项工伤保险待遇包括：

工伤保险基金支付的费用。包括：治疗工伤的医疗费用和康复费用；住院伙食补助费；到统筹地区以外就医所需的交通食宿费；安装配置伤残辅助器具费用；生活不能自理的，经劳动能力鉴定委员会确认的生活护理费；一次性伤残补助金和一级至四级伤残职工按月领取的伤残津贴；终止或解除劳动合同时，应当享受的一次性工伤医疗补助金、一次性伤残就业补助金；因工死亡的，其遗属领取的丧葬补助金、供养亲属抚恤金和一次性工亡补助金；劳动能力鉴定费。

用人单位支付的费用。包括：治疗工伤期间的工资福利；五级、六级伤残职工按月领取的伤残津贴；终止或者解除劳动合同时，应当享受的一次性伤残就业补助金。

跨省流动的务工人员怎样享受工伤保险待遇

对跨省流动的农民工，即户籍不在参加工伤保险统筹地区（生产经营地）所在省（自治区、直辖市）的农民工，一级至四级伤残长期待遇的支付，可试行一次性支付和长期支付两种方式，供农民工选择。

在农民工选择一次性或长期支付方式时，支付其工伤保险待遇的社会保险经办机构应向其说明情况：一次性享受工伤保险长期待遇的，需由农民工本人提出，与用人单位解除或者终止劳动关系，与统筹地区社会保险经办机构签订协议，终止工伤保险关系。一级至四级伤残农民工一次性享受工伤保险长期待遇的具体办法和标准由省（自治区、直辖市）劳动保障行政部门制定，报省（自治区、直辖市）人民政府批准。

劳动能力鉴定是什么，如何申请劳动能力鉴定

因工伤经治疗后仍存在残疾、影响劳动能力的，需要进行劳

动能力鉴定。

劳动能力鉴定是指职工因工负伤或非因工负伤及职业病等原因，导致本人劳动与社会生活能力受到不同程度的影响。为享受相对应的社会保障待遇，由劳动能力鉴定机构根据用人单位、工伤职工或其近亲属的申请，组织有资质的医学专家，根据国家制定的评残标准，运用医学科学技术的检查方法和手段，确定职工丧失劳动能力程度的一种综合评定的制度。

工伤事故处理分为三个环节：工伤认定、劳动能力鉴定、工伤保险待遇支付。劳动能力鉴定属于中间的一环，是"量化"工伤的关键程序，主要作用是：确定职工工伤与职业病致残程度和等级，为正确合理审批职工享受工伤保险待遇提供依据；同时确定因病或非因工致残职工丧失劳动功能程度，为正确审批职工因病退休提供依据。因此只有当职工因工致残、影响劳动能力时，才需要进行劳动能力鉴定；如果职工只是受到轻微伤害，并不影响劳动能力，则无须进行劳动能力鉴定。

劳动能力鉴定是对劳动功能障碍程度和生活自理障碍程度的等级鉴定。劳动功能障碍分为十个伤残等级，最重的为一级，最轻的为十级。

生活自理障碍分为三个等级：生活完全不能自理、生活大部分不能自理和生活部分不能自理。

那么，应当由谁提出劳动能力鉴定申请？能够提出劳动能力鉴定申请的主体分为三类：第一类是用人单位，即工伤职工所在单位。该职工与用人单位之间存在劳动关系，并且工伤事故是由于职工为本单位工作造成的，因此，职工发生事故伤害后，为职工申请工伤认定、劳动能力鉴定，是用人单位的法定责任。第二类是工伤职工，即因工受到事故伤害被认定为工伤的职工本人。职工如果认为工伤受到的伤害可能或已经影响其劳动能力的，可以申请劳动能力鉴定。第三类是工伤职工的近亲属。工伤职工受伤较为严重，自己提出申请有困难，可由其近亲属代为申请，近亲属包括配偶、子女、父母、兄弟姐妹、祖父母、外祖父母。

非法用工、非全日制用工、超龄用工等特殊人员的工伤问题如何处理

《工伤保险条例》适用于中华人民共和国境内的企业、事业单位、社会团体、民办非企业单位、基金会、律师事务所、会计师事务所等组织和有雇工的个体工商户的全部职工或者雇工。那么非法用工、非全日制用工、超龄用工等一些特殊人员的工伤问题应如何处理呢？

第一，非法用工的工伤处理。

《非法用工单位伤亡人员一次性赔偿办法》第二条规定：非法用工单位伤亡人员，是指无营业执照或者未经依法登记、备案的单位以及被依法吊销营业执照或者撤销登记、备案的单位受到

事故伤害或者患职业病的职工，或者用人单位使用童工造成的伤残、死亡童工。

前款所列单位必须按照本办法的规定向伤残职工或者死亡职工的近亲属、伤残童工或者死亡童工的近亲属给予一次性赔偿。

同时《工伤保险条例》第六十六条规定：无营业执照或者未经依法登记、备案的单位以及被依法吊销营业执照或者撤销登记、备案的单位的职工受到事故伤害或者患职业病的，由该单位向伤残职工或者死亡职工的近亲属给予一次性赔偿，赔偿标准不得低于本条例规定的工伤保险待遇；用人单位不得使用童工，用人单位使用童工造成童工伤残、死亡的，由该单位向童工或者童工的近亲属给予一次性赔偿，赔偿标准不得低于本条例规定的工伤保险待遇。具体办法由国务院社会保险行政部门规定。据此，人力资源和社会保障部关于《非法用工单位伤亡人员一次性赔偿办法》对此类情况涉及待遇标准进行了明确规定。

第二，非全日制用工的工伤处理。

非全日制用工是指以小时计酬为主，劳动者在同一用人单位一般平均每日工作时间不超过4小时，每周工作时间累计不超过24小时的用工形式。《关于非全日制用工若干问题的意见》第十二条规定：用人单位应当按照国家有关规定为建立劳动关系的非全日制劳动者缴纳工伤保险费。从事非全日制工作的劳动者发生工伤，依法享受工伤保险待遇；被鉴定为伤残5~10级的，经劳动者与用人单位协商一致，可以一次性结算伤残待遇及有关费用。

《实施〈中华人民共和国社会保险法〉若干规定》第九条规定：职工（包括非全日制从业人员）在两个或者两个以上用人单位同时就业的，各用人单位应当分别为职工缴纳工伤保险费。职工发生工伤，由职工受到伤害时工作的单位依法承担工伤保险责任。

第三，达到或超过法定退休年龄人员的工伤处理。

《人力资源社会保障部关于执行〈工伤保险条例〉若干问题的意见（二）》第二条规定：达到或超过法定退休年龄，但未办理退休手续或者未依法享受城镇职工基本养老保险待遇，继续在原用人单位工作期间受到事故伤害或患职业病的，用人单位依法承担工伤保险责任。用人单位招用已经达到、超过法定退休年龄或已经领取城镇职工基本养老保险待遇的人员，在用工期间因工作原因受到事故伤害或患职业病的，如招用单位已按项目参保等方式为其缴纳工伤保险费的，应适用《工伤保险条例》。

但要注意，对于达到或超过法定退休年龄人员，有一部分工伤保险待遇和养老保险待遇不能同时享受。

《社会保险法》第四十条规定：工伤职工符合领取基本养老金条件的，停发伤残津贴，享受基本养老保险待遇。基本养老保险待遇低于伤残津贴的，从工伤保险基金中补足差额。

《人力资源社会保障部关于执行〈工伤保险条例〉若干问题的意见（二）》第一条规定：一级至四级工伤职工死亡，其近亲属同时符合领取工伤保险丧葬补助金、供养亲属抚恤金待遇和职工基本养老保险丧葬补助金、抚恤金待遇条件的，由其近亲属选择领取工伤保险或职工基本养老保险其中一种。

广东明确快递从业人员须参加工伤保险

广东省印发的《关于进一步推动我省快递从业人员参加工伤保险工作的通知》指出，在2021年4月1日起的两年试用期内暂按本通知办理快递从业人员参加单项工伤保险事项，如国家和省有新规定的从其规定。已建立劳动关系的快递员应参加社保。在该通知印发前已按规定参加社会保险的，不得转办单项工伤保险。

第一，参保主体。快递企业和基层网点应当为其建立劳动关系的从业人员，依法参加社会保险；用工灵活、流动性大的基层快递网点，及时为不完全符合建立劳动关系情形的，从事快递收寄、分拣、运输、投递和查询服务等从业人员，按照《广东省人力资源和社会保障厅 广东省财政厅 国家税务总局广东省税务局关于单位从业的超过法定退休年龄劳动者等特定人员参加工作保险的办法（试行）》（以下简称《办法》）规定参加特定人员单项工伤保险。在本通知印发前已按规定参加社会保险的，不得转办单项工伤保险。

第二，参保方法。

按照属地管理和自愿参保原则，由有关参保单位为符合条件的快递从业人员参加单项工伤保险、缴纳工伤保险费，其缴费所需资金由各参保单位负责，快递从业人员无需缴纳工伤保险费。快递从业人员的单项工伤保险缴费按照《办法》有关规定计缴。

基层快递网点具有社保参保单位资格的，可以用快递网点方式作为参保单位办理；基层快递网点不具有社保参保单位资格的，其上级具有社保参保单位资格的企业可以作为参保单位统一办理；基层快递网点通过第三方劳务外包等方式用工的，也可以用劳务外包企业方式作为参保单位集中办理快递从业人员参加工伤保险，但应限于符合本通知规定的人员范围条件且签署协议约定从业岗位、报酬支付、参保方式、劳动安全保护等内容。

已按规定参加特定人员单项工伤保险的快递从业人员，因工作遭受事故伤害或者患职业病的，其工伤认定、劳动能力鉴定和由工伤保险基金负责支付的工伤保险待遇保障，按照《工伤保险条例》《广东省工伤保险条例》和《办法》有关规定执行。

不仅是广东，还有福建、江苏、安徽、陕西等多个省份根据国家多部门此前联合印发的《关于做好快递员群体合法权益保障工作的意见》，出台了将基层快递网点快递从业人员纳入工伤保险保障的政策，切实保障快递员群体的合法权益。

（摘自《南方工报》，2022年2月14日，有删改）

2. 职业危害

什么是职业病

职业病是指企业、事业单位和个体经济组织等用人单位的劳动者在职业活动中，因接触粉尘、放射性物质和其他有毒、有害因素而引起的疾病。这一概念不仅限于生产性质的企业，也包括学校、医院等非营利事业单位的劳动者。

2013年12月23日，国家卫生计生委、人力资源和社会保障部、国家安监总局、全国总工会四部门联合印发《职业病分类和目录》。该分类和目录将职业病分为职业性尘肺病及其他呼吸系统疾病、职业性皮肤病、职业性眼病、职业性耳鼻喉口腔疾病、职业性化学中毒、物理因素所致职业病、职业性放射性疾病、职业性传染病、职业性肿瘤、其他职业病共10类132种。

职业病分类和目录

一、职业性尘肺病及其他呼吸系统疾病

（一）尘肺病。矽肺、煤工尘肺、石墨尘肺、炭黑尘肺、石棉肺、滑石尘肺、水泥尘肺、云母尘肺、陶工尘肺、铝尘肺、电焊工尘肺、铸工尘肺、根据《尘肺病诊断标准》和《尘肺病理诊断标准》可以诊断的其他尘肺病。

（二）其他呼吸系统疾病。过敏性肺炎、棉尘病、哮喘、金属及其化合物粉尘肺沉着病（锡、铁、锑、钡及其化合物等）、刺激性化学物所致慢性阻塞性肺疾病、硬金属肺病。

二、职业性皮肤病

接触性皮炎、光接触性皮炎、电光性皮炎、黑变病、痤疮、溃疡、化学性皮肤灼伤、白斑、根据《职业性皮肤病的诊断总则》可以诊断的其他职业性皮肤病。

三、职业性眼病

化学性眼部灼伤、电光性眼炎、白内障（含放射性白内障、三硝基甲苯白内障）。

四、职业性耳鼻喉口腔疾病

噪声聋、铬鼻病、牙酸蚀症、爆震聋。

五、职业性化学中毒

铬及其化合物中毒（不包括四乙基铅）、汞及其化合物中毒、锰及其化合物中毒、镉及其化合物中毒、铍病、铊及其化合物中毒、钡及其化合物中毒、钒及其化合物中毒、磷及其化合物中毒、砷及其化合物中毒、铀及其化合物中毒、砷化氢中毒、氯气中毒、二氧化硫中毒、光气中毒、氨中毒、偏二甲基肼中毒、氮氧化合物中毒、一氧化碳中毒、二硫化碳中毒、硫化氢中毒、磷化氢、磷化锌、磷化铝中毒、氟及其无机化合物中毒、氰及腈类化合物中毒、四乙基铅中毒、有机锡中毒、羰基镍中毒、苯中毒、甲苯中毒、二甲苯中毒、正己烷中毒、汽油中毒、一甲胺中毒、有机氟聚合物单体及其热裂解物中毒、二氯乙烷中毒、四氯化碳中毒、氯乙烯中毒、三氯乙烯中毒、氯丙烯中毒、氯丁二烯中毒、苯的氨基及硝基化合物（不包括三硝基甲苯）中毒、三硝基甲苯中毒、甲醇中毒、酚中毒、五氯酚（钠）中毒、甲醛中毒、硫酸二甲酯中毒、丙烯酰胺中毒、二甲基甲酰胺中毒、有机磷中毒、氨基甲酸酯类中毒、杀虫脒中毒、溴甲烷中毒、拟除虫菊酯类中毒、铟及其化合物中毒、溴丙烷中毒、碘甲烷中毒、氯乙酸中毒、环氧乙烷中毒、上述条目未提及的与职业有害因素接触之间存在直接因果关系的其他化学中毒。

六、物理因素所致职业病

中暑、减压病、高原病、航空病、手臂振动病、激光所致眼（角膜、晶状体、视网膜）损伤、冻伤。

七、职业性放射性疾病

外照射急性放射病、外照射亚急性放射病、外照射慢性放射病、内照射放射病、放射性皮肤疾病、放射性肿瘤(含矿工高氡暴露所致肺癌)、放射性骨损伤、放射性甲状腺疾病、放射性性腺疾病、放射复合伤、根据《职业性放射性疾病诊断标准（总则)》可以诊断的其他放射性损伤。

八、职业性传染病

炭疽、森林脑炎、布鲁氏菌病、艾滋病（限于医疗卫生人员及人民警察）、莱姆病。

九、职业性肿瘤

石棉所致肺癌、间皮瘤，联苯胺所致膀胱癌，苯所致白血病，氯甲醚、双氯甲醚所致肺癌，砷及其化合物所致肺癌、皮肤癌，氯乙烯所致肝血管肉瘤，焦炉逸散物所致肺癌，六价铬化合物所致肺癌，毛沸石所致肺癌、胸膜间皮瘤，煤焦油、煤焦油沥青、石油沥青所致皮肤癌，β-萘胺所致膀胱癌。

十、其他职业病

金属烟热，滑囊炎（限于井下工人），股静脉血栓综合征、股动脉闭塞症或淋巴管闭塞症（限于刮研作业人员）。

外出打工如何防范职业危害

目前我国大多数行业存在着不同程度的职业危害因素，当其强度或浓度与累计时间超过一定的量时，就可引起相应的职业病。农民工择业时需注意预防职业病，上岗前应进行健康体检。

农民工上岗前要进行健康体检，借此可以全面了解自己的身体健康状况，如发现疾病就能做到早诊断、早治疗、早康复。通过体检还可以发现择业禁忌，比如患肝炎的病人不能从事食品生产、经营工作，有心脏病的病人不能从事重体力劳动等，从而避免盲目择业。

　　农民工在上岗前与用人单位签订劳动合同时，合同上要写明工作中可能产生的职业危害及后果、职业病防护措施和待遇。如果该工作职业危害较为严重，且防护措施不到位，建议农民工放弃对该工作的选择。

　　农民工应主动接受职业性健康检查，如果出现相关职业病症状时，要及时到当地职业病防治机构进行检查和咨询。尤其是在务工合同期满后进行健康体检，了解自己外出务工后的身体健康状况。如果发现传染病，做到及时隔离治疗，防止传染家人。此外，通过体检还可以发现职业危害因素造成的损害，及时运用法律武器维护自己的合法权益。

　　同时，农民工在上岗前应积极参加岗前培训。通过培训掌握相关生产工艺、操作规程、个人防护及职业卫生、应急处理知识，培养良好的操作习惯，杜绝违规操作，并遵守职业安全卫生警示标识，养成良好的卫生和安全习惯，正确使用个人防护用品。

得了职业病怎么办

　　患职业病后依法享受工伤社会保险待遇。

　　职业病是由于职业活动而产生的疾病，但并不是所有在工作中得的病都是职业病，必须是列在《职业病分类和目录》中，有明确的职业相关关系，按照职业病诊断标准，由法定职业病诊断机构明确诊断的疾病。农民工如果怀疑自己所得的疾病为职业病，应及时到当地卫生部门批准的职业病诊断机构进行职业病诊断。对诊断结论有异议的，可以在30日内到市级卫生行政部门申请职业病诊断鉴定，鉴定后仍有异议的，可以在15日内到省级卫生行政部门申请再鉴定。职业病诊断和鉴定按照《职业病诊断与鉴定管理办法》执行。诊断为职业病的，应到当地人力资源和社会保障部门申请伤残等级鉴定，并与所在单位联系，依法享受职业病治疗、康复以及赔偿等待遇。

职业病的诊断与鉴定

劳动者可以在用人单位所在地、本人户籍所在地或者经常居住地的职业病诊断机构进行职业病诊断。职业病诊断应当按照《职业病防治法》《职业病诊断与鉴定管理办法》《职业病分类和目录》和国家职业病诊断标准，依据劳动者的职业史、职业病危害接触史和工作场所职业病危害因素情况、临床表现以及辅助检查结果等，进行综合分析。在材料齐全的情况下，职业病诊断机构应当在收齐材料之日起30日内作出诊断结论。没有证据否定职业病危害因素与病人临床表现之间的必然联系的，应当诊断为职业病。

当事人（用人单位或劳动者）对职业病诊断机构作出的职业病诊断有异议的，可以在接到职业病诊断证明书之日起30日内，向作出诊断的职业病诊断机构所在地社区的市级卫生健康主管部门申请鉴定。

当事人（用人单位或劳动者）对社区的市级职业病鉴定结论不服的，可以在接到诊断鉴定书之日起15日内，向原鉴定组织所在地省级卫生健康主管部门申请再鉴定，省级鉴定为最终鉴定。

《中华人民共和国职业病防治法》第五十三条第三款规定，职业病诊断、鉴定费用由用人单位承担。所以不管是职业病诊断，还是职业病鉴定，其所产生的费用依法由用人单位承担，劳动者不必承担。

尘肺病的防治措施有哪些

尘肺病是属于职业性疾病，出现尘肺病需要尽快治疗。预防尘肺病的方法比较多，最主要的还是注意个人的卫生，做好相应的防护措施，定期对工作环境进行检测，定期做好体检。

尘肺病是由生产性粉尘所引起的肺部疾患。尘肺病的发展比较缓慢，通常接触几年之后才会发病，常见的症状是胸闷、气短、胸痛、咳嗽、咳痰。尘肺病会严重影响人们的健康，影响人的劳动能力。目前还没有特效方法治疗尘肺病，但是疾病的预防很重要的。那么尘肺病的预防包括哪些呢？下面给大家具体介绍一下。

第一，职业健康监护。从事接触职业病危险因素的作业工人，一定要做好健康方面的监护。岗前都需要接受相应的体检，在岗期间要定期做好体检，离岗之后也要做好相应的体检。如果在体检的过程当中，具备职业禁忌症的人要合理安排工作，避免会再次接触粉尘引起尘肺病。

第二，个人卫生。每个人在生活当中都应该积极地锻炼身体，多参加一些户外的活动，能够增强自身的体质，还能提高预防疾病的能力，加强饮食方面的营养，注意个人的卫生，做到勤洗澡、勤换衣服，保持皮肤的清洁，养成良好的生活习惯，才能防止疾病的发生。

第三，定期进行粉尘检测。有很多职业工种的工作环境都会有粉尘，定期对这些工作人员的环境粉尘浓度进行检测是非常有必要的。分析粉尘的性质和浓度，判断在这种工作环境下作业是否符合职业卫生的标准要求，能够确保每个职工在安全的环境下工作。超过标准就应该采取相应的防护措施。

第四，加强个人卫生的防护。对于那些从事粉尘作业者，工作之前就应该穿戴好工作服和工作帽，这样能够避免身体过多地接触到粉尘。根据粉尘的性质，戴上多种具备防尘作用的口罩，能够防止粉尘从呼吸道进入身体，避免尘肺病带来的危害。

综上所述，尘肺病其实也是属于职业性疾病，治疗非常困难，通常都不容易治愈。肺部功能受到的损伤基本是不可逆的，只能通过一些药物来控制病情的发展，避免更加严重的后果。在生活当中，一定要避免着凉感冒，远离粉尘环境，多注意休息，保持良好的心情。

五　创业选择与政策

1. 创业利弊与选择

在外打工学技术，返乡创业好处多

中国改革开放40多年，经济繁荣，社会发展。随着经济的不断发展，各种用工需求陡然增加，许多农民兄弟进城务工，他们从事的工作主要集中在各类工厂、建筑行业、物流运输、餐饮、家政服务等领域。一方面，他们的工作为城市的发展作出了一定的贡献；另一方面，他们也通过工作，获得了新的收入来源，生活得到了极大改善。与此同时，也出现了一些问题：比如留守儿童和留守老人；比如在城市工作，却无法真正融入城市；比如随

91

着年龄增长，体力精力下降，无法胜任高强度工作；比如自己的子女未能考取大学，也要继续在城市务工，但是新生代又不愿意或者不适应老一辈从事的工作类型等。尽管有诸多困扰和问题，但是对美好生活的向往和追求从不曾改变。

每逢春节，在外打拼的农民工们都要回家看望年迈的双亲和年幼的子女，千里迢迢，一路风霜。中国的春运总是能在那个时刻集中展现出人们对家的眷恋。可以说，每个农民兄弟心中都思念家乡和故土。如果不用离家，又能有满意的收入；既能阖家团聚，共享天伦，又能拥有相对富裕的生活；子女虽未能接受高等教育，却也能利用自己的聪明才智过上幸福的生活……这大概是每个农民兄弟的期盼。那么如何实现这些美好的愿望呢？通往罗马的路不止一条，其中，在家乡就近就业或者创业就是一条通往梦想的路。那么，创业有哪些好处呢？

就近创业，可以解决离家的问题。父母和子女都能得到良好的照顾。一旦创业成功，可以实现家庭可持续的收入增长。家庭成员可以共同参与该份事业，全家人共同为幸福生活打拼。农村资源丰富，利用好身边的资源创业，既能发挥自己的特长，又能获得可观收入，甚至还能带动身边的老乡共同富裕。创业的好处有很多，最关键的是看自己的真正需求是什么，创业能否满足自己内心的真正需求。

投资要谨慎，创业有风险

凡事都有两面。创业既有好处，一定也存在风险。

第一，亏损的风险。创业需要投入资金，并且有可能不是一次性投入，而是要持续投入。创业既可能成功，也可能失败。如果创业失败，投入的资金就收不回来了。

第二，其他机会丧失的风险。创业是一种选择，所谓选择就是选择了 A，同时放弃了 B 和 C，这是机会成本。选择创业的同时也就意味着放弃了其他工作或者创收的机会。

第三，时间损失的风险。创业是需要花费长时间去经营和论证的事业。有可能付出多年的时间却没能成功，但是时间流逝了。每个人精力和体力最旺盛的时间毕竟有限，时间对每个人来说都是非常宝贵的资源。

第四，家庭的风险。创业是一项艰苦的事业，需要全身心投入其中，有可能为了打拼事业疏忽了家庭和亲人。如果创业失败，还可能因经济损失给家庭生活带来不利的影响。

正因为创业存在着如此多的风险，创业者更应该认真了解有关创业的知识，帮助自己作出正确的决策，力求在决策后获得成功。

农民创业有哪些方向

农民兄弟创业最好结合自己的资源和优势。建议从以下方面考虑：农产品加工业与休闲、旅游、文化、教育、科普、养生养老等产业深度融合；休闲农业和乡村旅游；特色农业、传统民俗民族工艺、手工编织、乡村特色制造、乡土产业、养生养老、科普教育和生产性服务业等乡村特色产业。具体来说：

生态农业种植、养殖业。常规的农业种植、养殖业规模小，收益不高；规模大，投入不起，普通农民创业较难开展。为此很多农民兄弟选择了生态农业种植和养殖，此类种植、养殖需要付出很多辛苦劳动，产量不高，但是单价高、收益高。

休闲旅游餐饮服务。随着生活水平的不断提高，城市人开始追求"田园生活"。很多人利用周末带上全家人到农村呼吸新鲜空气，他们需要居住和饮食，这给农村的农民们提供了新的生意机会。农家乐的餐饮和住宿，不需要"高大上"，只要干净卫生、保留大自然原生态的环境，就能赢得客户，如果再有一些自己的特色，就更能锁定客户。

休闲农业与教育体验结合。如今居住在城市的孩子们，很多只在书本中看过蔬菜、禾苗、牛羊，从来没有在现实生活中亲眼见到过。有些小朋友甚至不知道马铃薯是长在地底下的，以为是长在树枝上。农村和农业生活的体验服务有广阔的需求和市场。全家人一起到农村，观察各类蔬菜水果、家禽动物，一起收割麦子，一起挖番薯……这些在农村看来都是再平常不过的农活，对于在城市生活的孩子们而言就是一堂生动的体验教学课，更是全家人一起沟通、娱乐和劳动的好机会。

农村电子商务及物流服务。随着智能手机和网络的普及，网络购物在农村早已司空见惯，物流服务也跟着迅猛发展。农村电商和物流服务的短板就是"最后一公里"。城里的东西要下乡，乡下的东西要出去，都离不开农村电商和物流这个环节。很多大学毕业生选择回乡创业的时候，也都选择了农村电商和物流领域，既能借助大电商和物流公司的服务体系，同时又发挥自己在农村的优势，打通各大电商和物流企业的最后几公里服务。

办公司好，还是个体工商户好

按照中国法律规定，创业模式多种多样，有办公司的，也有个体户。公司制是最常见的一种创业模式。除了公司以外，常见组织形式还有合伙企业、个人独资企业以及个体工商户。这些组织形式特点各异，选择何种组织形式才能既激发企业活力又更大程度地保护创业者，对创业者而言是一个非常值得认真思考的问题。而且创业者在实际的经营管理中势必会经常与各种类型的组织形式打交道，了解它们的性质和特点，这对于管理决策有着至关重要的意义。

公司制组织。公司包括有限责任公司和股份有限公司两种，股份有限公司门槛较高。一般而言，股份有限公司的规模比有限责任公司大，上市公司都是股份有限公司。

非公司制组织。除了公司制组织以外，其他都是非公司制组织，常见的组织形式有合伙企业、个人独资企业以及个体工商户。非公司制组织（民间非营利组织、行政事业单位等除外，下同）不具有法人资格，也就是说它们不能独立承担责任，它们的责任是与创业者绑定在一起的。当非公司制组织资不抵债时，创业者（有限合伙人除外）仍需承担无限连带责任，从这个角度上来说，创业者设立非公司制组织面临的风险更大。

虽然公司制不用承担无限责任，但依然有大量组织采用非公司制组织，原因就在于非公司制组织具有以下特点：一是税负低。公司制企业是双重征税。公司盈利后须缴纳企业所得税，股东在获得分红时还需被征收个人所得税。而非公司制组织盈利后，创业者只需要缴纳一次个人所得税即可，税负较低。二是组织架构简单，管理成本低。通常非公司制组织内部架构比公司制组织简单，不用设立股东大会、董事会、监事会等，决策效率更高。而且非公司制组织的成立、注销程序也相对简单。

如果自己要从事的业务经营风险较低，也没有明确的未来扩张计划，那么采用非公司制形式较为适合。比如开一家商铺，采取个体工商户的形式，成立、经营、管理、注销程序等都相对简单，管理成本较低。

有很多组织是出于管理的需要或者法律强制规定必须采用合伙制，才采用合伙制的形式，比如会计师事务所等必须采用合伙企业的形式。私募股权投资等创投企业出于管理需要一般采取有限合伙制，既可以降低税负，又可以激励普通合伙人。

无论是从经营管理还是责任承担方面，各类型组织形式差别很大。一般而言，农民在创业初期时，个体工商户的形式已经能满足基本需求。但是具体还是要根据行业特点、自身情况和创业规划，综合考虑各方面因素，选择一种适合自身发展的组织形式。

如何注册成立个体工商户

第一，基本要求。

注册资金：对注册资金实行申报制，没有最低限额基本要求。

注册人员：有经营能力的城镇待业人员、农村村民以及国家政策允许的其他人员，可以申请从事个体工商业经营。

其他要求：申请人必须具备与经营项目相应的资金、经营场

地、经营能力及业务技术。

第二，提交申请。

所需资料：申请人签署的个体工商户设立登记申请书；申请人身份证明；经营场所证明；国家法律法规规定提交的其他文件；法律、行政法规规定须报经有关部门审批的业务的有关批准文件。

第三，办证程序。

在当地工商分局领表填写；行政中心工商窗口核准名称；材料齐全后去当地工商分局办理执照。

如何注册成立公司

一般来说，公司注册的流程包括企业核名→提交材料→领取执照→刻章，就可以完成公司注册，进行开业的工作了。但是，公司想要正式开始经营，还需要办理以下事项：银行开户→税务报到→申请税控和发票→社保开户。以上事项若由申办人亲自办理，虽过程较为繁琐，但是节约费用。如申办人不具备自己办理的能力和经验，也可委托代理公司代为办理，代理公司会收取一定的费用作为代办服务费，代理费用几百元至几千元不等。

公司注册流程具体说明如下，各地区可能存在部分差异，具体以当地工商部门规定为准。

第一，企业核名。

时间：1~3个工作日。

操作：确定公司类型、名字、注册资本、股东及出资比例后，可以去工商局现场或线上提交核名申请。

结果：核名通过，失败则需重新核名。

第二，提交材料。

时间：5~15个工作日。

操作：核名通过后，确认地址信息、高管信息、经营范围，在线提交预申请。在线预审通过后，按照预约时间去工商局递交申请材料。

结果：收到准予设立登记通知书。

第三，领取执照。

时间：预约当天。

操作：携带准予设立登记通知书、办理人身份证原件，到工商局领取营业执照正、副本。

结果：领到营业执照。

第四，刻章等事项。

时间：1~2个工作日。

操作：凭营业执照，到公安局指定刻章点办理公司公章、财务章、合同章、法人代表章、发票章。

至此，一个公司注册完成。

🔍 看看人家

土特产创业：新艾"辣妹子"辣出新天地

土生土长的柳州市柳南区流山镇新艾村村民韦兰芳，曾带着一门"好手艺"在外闯荡，但顾念乡村的她，将这门"好手艺"带回家乡发展。如今，韦兰芳注册了"新艾小兰芳"辣椒酱品牌，以辣椒为主要原料，从种植、生产到销售，带领村民走出了一条致富道路，成为流山镇人尽皆知的"辣妹子"。

怎样才能带领村民走出一条致富的道路？刚回村创业的韦兰芳结合自己制作辣椒酱的手艺，走出了一条致富"辣路子"。在不断打磨辣椒种植技巧后，韦兰芳带动身边的村民学习辣椒种植技术，使村里50%以上有劳动能力的村民都掌握基本种植技能。

2019年，韦兰芳成立了柳州市爱新农民种养专业合作社，请来专业技术人员进行现场指导。待村民种植的辣椒成熟，可以采摘后，她与驻村队员亲力亲为，自己开车免费运输村民的辣椒到外销售。2020年，辣椒种植产业辐射带动周边贫困户27户，每亩辣椒产量达到2000公斤。韦兰芳有效解决了贫困户种植的辣椒的产销问题，推动村民们脱贫致富。

随后，结合自己独门特制辣椒酱的手艺，韦兰芳与村民们共同打造了村里的辣椒酱品牌——"新艾小兰芳"。辣椒酱远销广东、湖南、湖北、四川等多个省，实现了新艾村辣椒的第一、二、三产业融合，让村民"足不出村"就能增加经济收入。

（摘自广西文明网，2021年11月24日，有删改）

启示：

当代农民工在外出务工的成长过程当中，逐渐开阔了视野，积累了技术、资金和资源。尤其是新生代农民工，不再是原来的那种没有文化、没有技术、没有管理经验、没有团队意识的农民工。要想创业成功，要开阔视野、转变观念、提升能力、积累资金。

2. 创业政策

返乡创业扶持大，用好政策优惠多

创业政策是政府部门制定的关于创业的各种优惠扶持政策。

它主要包括创业扶持政策、行政收费优惠政策、创业实体注册条件的放宽政策、吸纳就业的奖励政策、税收优惠政策、金融信贷扶持政策、社会保险优惠政策、免费创业培训政策等。

农民朋友要想创业，就要学会利用政策，比如扶持政策可以为创业者筹措资金、收费优惠政策可以帮创业者省钱、免费培训政策可以让创业者免费学习创业所需的技术技能。用好这些政策能帮助创业者走好创业的第一步。

那么，创业政策要去哪里咨询呢？一般来说，可以到当地的人社部门咨询，比如县人社局。具体有哪些类型的政策呢？可以看看之前各个地方出台的政策，有没有自己需要的，然后再去自己所在的地区咨询有没有类似的政策。例如：

①河北省为农民工及返乡人员创业提供最高10万元的担保贷款；明确在财税政策、金融服务、社会保险等方面支持农民工、大学生和退役士兵等人员返乡创业。

②陕西省提供50亿元金融贷款支持农民工及返乡人员创业创新。返乡创业贷款主要用于支持创业企业、返乡创业示范基地、龙头企业以及特色农产品开发等项目，以实现脱贫攻坚和区域发展的双重目标。贷款成本较低，符合条件的企业申贷周期只需一个月左右。

③甘肃省设立绿色通道，为返乡下乡人员创业创新提供便利服务。采取财政贴息、融资担保、扩大抵押物范围等综合措施，对符合条件的返乡下乡人员创业创新信贷需求优先提供扶贫小额

贷款和创业担保贷款，对创办的小微企业优先提供产业扶贫专项贷款支持。

④河南省成立了总规模100亿元的农民工返乡创业投资基金，支持农民工及返乡人员创业创新。

⑤山东省对符合条件的农民工及返乡人员最高可发放10万元创业担保贷款，期限最长不超过3年。

⑥四川省每县给予500万元资金扶持相关人员返乡创业。返乡创业个人可申请最高10万元的创业担保贷款，创办企业享受不同程度企业所得税减免。

⑦安徽省开展"接您回家"活动支持返乡创业。返乡人员创办劳动密集型小企业或新型农业经营主体，可按规定给予最高额度不超过200万元的创业担保贷款，并按照同期贷款基准利率的50%给予财政贴息。

⑧江西省加大对返乡下乡人员创办的企业、农民合作社、家庭农场、种养大户的信贷扶持力度。稳步推进农村土地承包经营权、农民住房财产权抵押贷款试点。对符合创业条件的返乡下乡人员，可获创业担保贷款最高额度为10万元；对符合条件的小微企业，贷款最高额度为400万元。

⑨贵州省出台政策规定，农民工等返乡下乡人员到贫困地区创业，不仅可以申报扶贫项目资金扶持，其创办的农民合作社、家庭农场等，还可享受相关税收减免政策。设立返乡下乡人员创业绿色通道，为农民工等返乡下乡创业群体提供精准高效的政策

咨询、证照办理等服务，避免出现返乡下乡人员创业办事难、跑断腿等情形。

⑩广东省对符合条件的返乡创业人员，可按规定申请创业担保贷款，其中个人最高20万元，合伙经营或创办小企业的可按每人不超过20万元、贷款总额不超过200万元的额度实行"捆绑性"贷款；符合贷款条件的劳动密集型和科技型小微企业，贷款额度不超过300万元。

创业没有钱怎么办

创业初期，我们可能没有启动资金。这个时候，我们要慎重考虑。创业毕竟有风险，如果自己没有资金，要先确定自己是不是有能力创业，有没有承担风险的能力和思想准备。在充分考虑后，仍要创业，可以去咨询金融信贷政策。

目前，金融信贷扶持和贴息政策主要聚焦的重点领域是支持农村创业创新，着力支持建设各类现代农业产业园、农业科技园、农民创业园，支持创业创新示范基地、创业孵化基地、创客服务平台等体系建设；支持返乡创业培训实习基地、农民职业技能培训基地、培训创业扶贫一体化等基地建设；支持以农牧（农林、农渔）结合、循环可持续为导向，发展优质高效绿色农业的工程及项目，支持产业链条健全、功能拓展充分、业态新颖的新产业和新业态；鼓励和扶持创业基础好、能力强的返乡下乡本乡人员大力开发乡土乡韵乡情潜在价值，发展休闲农业、乡村旅游、农村电商等新兴产业，提升农业价值链，拓宽农村创业创新领域。

在小额担保贷款财政贴息资金管理上，财政部、人力资源和社会保障部、中国人民银行也有相关规定：

财政贴息资金支持对象包括符合规定条件的城镇登记失业人员、就业困难人员（一般指大龄、身有残疾、享受最低生活保障、连续失业一年以上，以及因失去土地等原因难以实现就业的人员）、复员转业退役军人、高校毕业生、刑释解教人员，以及符合规定条件的劳动密集型小企业。上述人员中，对符合规定条件的残疾人、高校毕业生、农村妇女申请小额担保贷款财政贴息资金，可以适度给予重点支持。财政贴息资金支持的小额担保贷款额度为：高校毕业生最高贷款额度10万元，农村妇女最高贷款额度8万元，其他符合条件的人员最高贷款额度5万元，劳动密集型小企业最高贷款额度200万元。对合伙经营和组织起来就业的农村妇女最高人均贷款额度为10万元等。

各地区根据国家的有关政策均制定了本地区的金融信贷扶持和贴息政策，详细情况可以到本地人力资源和社会保障部门、财政部门、农业部门等咨询。

如何运用好创业政策

创业政策是国家及各级政府为保护创业者所出台的一些鼓励、支持政策。正确合理地运用创业政策可以让创业者的创业之路更加顺畅。

第一，树立正确的理念。创业政策具有一定的导向作用，从政策可以看到政府对创业的态度，对哪些领域、行业给予支持，政策是创业者的助推剂，但不是创业的万能药。创业者首先自己必须具备一定的条件、基础，在研究市场、看准市场商机的同时选择创业方向，并适时地利用创业政策为自己服务。绝不能光靠政策创业，更不能为了享受政策而创业。这是用好创业政策必须树立的理念。

第二，选择合适的政策。每个创业者的创业方向和创业特点不同，每项创业政策的适用范围和对象也不同，创业者在利用创业政策时，要选择适合自己的政策，要适合自身的创业条件、创业行业、创业类型和创业过程。

第三，发挥政策的实际效应。运用创业政策是为了顺利起步创业、降低经营成本、改善经营状况、提升经营能力，帮助企业发展壮大，走上长期可持续发展的道路。为此在选择了适合自身的创业政策后，切实发挥好政策的实际效应。切不可为了用政策而用，一定是需要用才用。

····· 🔍 看看人家 ·····

贷款创业：
返乡创业开设美发机构——融资担保帮了忙

李乐乐，1996年生，河南省三门峡市灵宝市朱阳镇人。2011年开始学习理发技术，曾在杭州打工几年，有点积蓄和从业经验后决定回乡创业。2020年10月，李乐乐学习借鉴大城市的模式，在三门峡市湖滨区嘉亿城市广场3号楼8楼租用两间房，创办了一家名为"寻觅空间"的个人理发工作室。

刚回到家乡的他，积蓄不多，初期投资10余万元。由于店面在嘉亿广场楼上，属于室内工作室，好多人都不知道地址，又因疫情影响，营业额始终上不去，资金短时间内不能回笼，影响周转经营，这让李乐乐有些着急。一次偶然的机会，他看到广场有工作人员在宣传创业担保贷款政策，了解到国家正加大力度对返乡创业人员提供资金支持。于是抱着试一试的心态，李乐乐到市创业贷款担保中心咨询申请，看能否帮自己渡过难关。让他没想到的是，不到10个工作日，就拿到了11万元的创业担保贷款。资金的到位，缓解了燃眉之急，立马给了他信心。他用获得的贷款购买先进的烫染机、更好的理发设备和知名品牌的护理剂，解决了创业之初的最大难题，店面发展逐步走上正轨。

创业之路漫漫兮，谈起自己的创业之路，李乐乐感慨颇多："正是创业担保贷款给了我融资机会，帮我解决了店里最大的难题。"

（摘自《潇湘晨报》，2021年12月20日，有删改）

六 创业决策与难题破解

1. 创业知识、能力与资源

如何确定创业项目

确定创业项目需要掌握一定的项目分析方法，并依据分析做决策。

通常创业者需要对市场需求、内外部环境和竞争情况进行分析，具体而言，就是分析清楚自己要进行的项目、产品或服务是否有旺盛的市场需求，市场前景如何，未来发展趋势如何，自己开展创业有什么优势和劣势，所处的创业环境和资源条件如何，项目、产品或服务是否存在竞争，竞争程度如何，进入行业有没有门槛，等等。总结起来，就是对优势、劣势、机会、挑战作出分析。

创业者需要什么样的素质和能力

创业对大多数人而言是一件极具诱惑的事情，同时也是一件极具挑战的事情。要想创业成功，需要具备一定的素质和能力条件。如果不具备条件，盲目跟风做老板，不仅可能导致创业失败，还可能对未来的生活造成长期影响。

第一，心理素质。心理素质是指创业者的心理条件，包括自我意识、性格、气质、情感等心理构成要素。创业者应该自信和自主，性格刚强、坚持、果断和开朗，能做到"不以物喜，不以己悲"。面对成功和胜利不沾沾自喜，得意忘形；在碰到困难、挫折和失败时不灰心丧气，消极悲观。

第二，身体素质。身体素质是指身体健康、体力充沛、精力旺盛、思路敏捷。创业的过程是非常艰苦复杂的，工作时间长，压力大，没有良好的身体条件是难以胜任创业的艰辛的。

第三，知识素质。创业者的知识素质对创业起着举足轻重的作用。在竞争日益激烈的今天，单凭一腔热情或单一专业知识，想成功创业是非常困难的。创业者需要具备创造性思维，知识广博，眼界开阔。管理、法律、市场、销售、技术等方面的知识都应了解。

第四，能力素质。创业者应该具备学习能力、创新能力、分析决策能力、统筹协调能力、管理能力、应变能力、社交能力等。能力素质是可以通过学习和实践不断提高的。想成为一个成功创业者，就要做一个终身学习者。

创业成功需要整合利用各类资源

资源是一切可被人类开发和利用的物质、能量和信息的总称，可以将它分为自然资源和社会资源。在认识自己拥有的资源时，要比较全面地分析自己所处的环境和自身的条件。既要分析拥有的自然资源，包括土地、山林、矿产等；也要分析自己拥有的社会资源，包括技术、信息以及人际关系等，对资源的分析要实事求是。在符合国家大政方针的前提下，对资源进行合理的整合和有效利用，以达到效益最大化。

资源是创业的重要基础，没有任何资源的创业就是无源之水，很难获得成功，认真研究分析创业资源是创业的首要任务。创业不能凭借一时冲动就开始，创业者作为一项新开创事业的领导者和策划者，需要认真研究自身优势、劣势、外部环境的机会和挑战，自己的资金、技术、管理、团队等各个方面的情况是否已经具备创业的基础和条件，进而作出是否创业的决策。如此，才有可能获得创业的成功。

如何最大化利用各类资源条件

创业是需要资源条件的，实现资源条件利用最大化是合理的创业策略。如果能合理统筹运用各类资源，则创业成功的概率更大。在实践中，需注意以下几个方面：

第一，通过资源利用降低创业成本。现有资源利用得越多，需要额外支付费用获取的资源就越少，人尽其才，物尽其用，自然就降低了创业成本。

第二，提升统筹协调管理能力，最大程度发挥资源作用。统筹协调管理能力是创业者应不断提高的一种能力。创业是需要规划、统筹、协调的复杂过程。提高相关的能力可以帮助创业者在创业过程中合理调配资源，控制成本。俗语有"吃不穷，穿不穷，算计不到一世穷"，说的正是这个道理。

第三，挖掘自身潜能，最大程度发展和发挥自己的能力。创业是一个综合而复杂的过程。需要创业者调动起自身的各项能力和资源。有的人既想创业，又不想吃苦；有的人盲目开始了创业，在创业过程中又抱着"听天由命"的心态，没有全力以赴。创业是一件充满挑战和困难的事情，人们看到的都是成功者，然而还有很多人在创业的路上损兵折将。创业不易，创业者必须充分挖掘自己的潜能，最大程度发挥自己的能力，才能在创业的路上收获想要的果实。

················· 🔍 看看人家 ·················

利用资源优势创业：
瞄准市场，用好资源，回乡创业养小龙虾

近年来掀起了小龙虾的饮食热潮，同时也带动了小龙虾的养殖行业。湖北省随州市随县殷店镇东岳庙村村民余立峰就在这波浪潮中找到了自己的创业机会。

余立峰今年37岁，他从18岁起开始在浙江捕鱼，连续工作18年，积累了一笔丰厚的创业基金。某年春天，他想，自己老在外面打工，赚再多的钱也不是个长久之计，得回到家乡创业，家乡才是自己的真正归宿。经过一段时间的市场考察，余立峰发现目前小龙虾市场前景广阔，利润丰厚，而且养殖小龙虾投资成本不高，风险不大，是当今农民创业致富的理想项目。说干就干，回家后，余立峰在父亲的支持与帮助下，把自己家里的八九亩闲田改成养小龙虾的池塘。他在池塘边盖起了小屋子，日夜观察小龙虾的发育与生长情况。除此之外，余立峰还购买了几本有

关养小龙虾的书籍，一边研读，一边实践。当时，他们没有一点养小龙虾的技术，完全是摸着石头过河，慢慢积累经验。经过他和父亲一年的苦心经营，他家养小龙虾纯收入3万元。尝到甜头的余立峰，2022年春，他和父亲一起租种了小龙虾池塘附近的一片近百亩的抛荒地。将这片地改造成池塘后，他们在这里投放10万尾龙虾苗。目前，这些虾苗已经长大，并被陆续投放市场。望着在一汪清水里欢快地游来游去的小龙虾，父子俩的脸上乐开了花。

据余立峰介绍，他们那里生产的小龙虾是纯天然喂养的绿色水产品，个大肉肥，无公害，成为城镇餐馆、酒店餐桌上最受欢迎的美味佳肴。每次他们从虾塘里捞起的小龙虾，都会很快被虾贩子们抢购一空。余立峰算过一笔账，他于2022年租种的这片近百亩的虾塘，包括2021年他自己家里的八九亩虾塘，两者在一起的收入，除去虾苗费、防疫费、饲料费等开支，一年纯收入40万元应该是没有问题的，因为2022年小龙虾的价格是历史上最高的一年。

纵观余立峰的创业历程，我们可以得到如下启示：

第一，见多识广，才能找到机会。要多到外面看看，见识得越多，才能更容易发现机会。正因为余立峰常年在外面打工，了解城市的市场需求和饮食风尚，所以才会想到养殖小龙虾。

第二，将市场需求和本地优势结合。湖北省一直是小龙虾养殖大省，余立峰算是充分利用了本地资源和优势。

第三，要有学习能力和风险意识。余立峰开展小龙虾养殖项目，不是一下子就铺开，而是选择先用自己家的池塘"试水"，投入的成本相对较低，在成功后才扩大规模，这就是有风险意识，将风险控制在自己能承受的范围。开始试验养殖阶段，虽然其没有经验，但是一边看书学习，一边实践，这是非常关键的一步。

第四，要有一定的创业资金储备。余立峰在外打拼多年，积累了一定的资金，这也是能支撑起开展创业的重要一步。创业需要启动资金，如果没有积累，靠贷款或者借钱创业，个人承担风险的能力较弱，心态容易受影响，对于创业而言不是理想的选择。每个想创业的农民朋友一定要先通过就业和其他工作，积累一定的资金，为创业做好储备。

（摘自惠农网，2022年7月3日，有删改）

2. 解决创业问题

如何解决创业知识不足问题

知识是通过学习、实践或探索所获得的认识、判断和技能，既包括理论知识，也包括实践知识。创业需要知识和智慧的指引，如果存在创业知识不足的问题，就应该着手去解决。

第一，在书本中学。农民创业普遍存在创业知识不足的问题。年少时成绩不理想、家境困难辍学、自身个性导致没能安心学业等的种种原因使他们存在非常多的知识盲点。这些知识盲点有可能限制自己在创业过程中的发展，因此必须重新树立学习的观念和信心，向书本学习，学习各类创业所需的理论知识，为自己的创业之路保驾护航。

第二，在实践中学。创业是一种实践，创业知识更需要在实践中获取。古语有曰，"学而时习之""温故而知新"，通过实践，不断深刻领悟知识的内涵，进而产生新的认识，增加对知识的理解，并在此基础上实现创新。

第三，加强总结。所有事物都有其规律，在实践中观察，在观察后总结，可以帮助自己加深对知识的理解，找到其中的规律，进而求得成功的方法。

如何解决创业技术不足问题

技术是制造一种产品、应用一项工艺或提供一项服务的系统知识。这种知识可能反映在一项发明、一项外形设计、一项实用新型、一种植物新品种、一项技术情报或技能中，或者反映在为设计、安装、开办或维修一个工厂或为管理一个工商业企业而提供及协助等方面。技术需要在学习和不断实践中获取。解决技术不足的途径有以下几方面：

第一，借用技术。不同的技术习得的时间长度不同，难度越大，需要的时间和实践越多。在自己不具备技术的情况下，可以考虑借用别人的技术来实现创业。例如，招收熟练技术工人，取人之长，补己之短。

第二，培训提高。当前技术工人尤其是熟练技术工人相对紧缺，工资要求也较高，从经营的成本和风险角度考虑，应同步提高现有人员的技术水平，打造一支稳定的技术队伍。

第三，重视考核，奖罚分明。注重高技术人才的激励和奖励，塑造重视技术、重视人才、重视技术提升和改造的氛围，让更多的人投入技术创新活动中。同时对技术落后且不求上进的人员给予相应的考核压力，打造有压力、有动力的技术学习和创新氛围，使整个技术团队力争上游。

如何解决创业资金不足问题

在创业的过程中，资金是非常重要的因素。俗语说"巧妇难为无米之炊"，再好的创意、再优的团队、再强的能力，如果没有与之匹配的资金支持，都难以发挥作用。为此，创业者在制定创业规划的时候，必须首先考虑资金的问题。

第一，创业规划要与自身的经济能力相匹配，否则一切都是空中楼阁，无法实现。

第二，掌握集资融资的正确方法，妥善利用融资渠道。在进行集资融资时应注意几点：

①适度集资融资。集资、融资在数量上要根据需要适度进行，不能够随意扩大。集、融资金的数量必须在可控范围内。

②合法集资融资。按照国家的法律法规办事，确保自己的事业在健康、良性、有序的环境中进行。

③防范财务风险，不借高利贷。很多创业者在制定规划的初期，不注重财务规划和筹划。超出自己的经济能力办事，在事业进行的过程中出现资金短缺时为了避免前期投入的钱打水漂，就临时筹措资金，一时难以筹集时便动用了高利贷。一般的商业营收和利润不足以支撑高利贷的利息，很多创业者因此犯下了致命错误，导致事业失败、债台高筑。

如何解决创业者信息不足问题

信息是创业者正确决策的重要依据，主要包括技术、市场和政策方面的信息。在千变万化的市场经济中，如不能及时地、完备地得到这些信息，创业者必然会"盲人摸象"，处处碰壁。同时，如果各种信息离散度大、层次浅，难以保证信息的完整性、准确性、及时性和有效性，也会影响创业者的正确决策，甚至影响事业成败。因此，掌握充分、准确、及时的信息，可以帮助创业者适时调整创业思路，科学制定创业规划。

第一，了解国家政策。国家政策代表着国家对某产业的态度，这是了解产业市场发展前景的基础条件。从 2004 年至 2023 年，国家连续 20 年发布以"三农"（农业、农村、农民）为主题的中央一号文件，强调了"三农"问题在中国特色社会主义现代化时期的"重中之重"地位。作为想创业的农民，应该多关注这些为了广大农民、农村利益出台的政策文件，研究国家肯定什么、支持什么、发展什么，这样可以帮助自己找到更好的创业方向。

第二，了解市场情况。作为一个创业者，必须对自己所生产的产品或提供的服务进行客观的分析，分析的内容包括进入壁垒、市场潜力、目标市场、规模、增速、区域市场、竞争对手、优势劣势等。

获取信息的方式可以是通过相关网站、实地走访、问卷调查，也可以是行业专业人士访谈等。在信息收集上需特别谨慎，不能走过场，对于一些没有依据的信息不能轻易采纳，以免造成损失。

第三，了解技术情况。创业决策的信息依据主要来自政策、市场和技术三个方面，其中，技术方面的信息非常关键。在这个知识爆炸的时代，技术更迭快速，自己创业要采用的技术、工艺或者生产的产品，在技术方面是否具有竞争力、是否具有前瞻性、是否有市场应用价值和前景，这些都是创业者需要认真考虑的，必要的时候还可以借用"外脑"解决技术问题。

从创业成功的案例和经验中学习成长

创业不是数学题，永远没有确定的唯一答案。成功的路和方法有千万种，可以找规律，却不能照抄照搬。在众多的创业大军中总会涌现出不少的成功范例，这需要创业者自己去学习、去观察、去体会、去实践、去总结。

别人为什么成功？是因为勤奋，还是因为有头脑？是有专业人员指导，还是独占市场先机？是有政府扶持，还是技术领先？每个案例都能给创业者一些启示。从某种意义上来说，每一个创业成功者既离不开众多有利因素的共同作用，也都有自己的独特之处。在学习成功案例时，不能简单地照葫芦画瓢，要认真分析，深入调查，结合自己的特点，采取相应的措施，才能得到更多的帮助。

······· 🔍 看看人家 ·······

捕捉农村新需求创业：
男子创立"村村乐"，立志要做"农村阿里巴巴"

今年40岁出头的胡伟，来自河南省驻马店市史庄村。生于农村、长于农村的他，敏锐地察觉到农村的新变化、新需求，靠在农村刷墙，年入千万元。

胡伟毕业于吉林工业大学计算机系，大学毕业两年后，便果断离开了就职的大公司，打算自己创业。

当时，国家推行"送电影下乡"政策，从2009年到2012年，胡伟他们紧跟政策，一共到农村放了320万场电影，走遍了全国几个重点省份的农村。在这个过程中，他发现尽管城镇里的娱乐休闲、生活方式已因互联网的发展发生翻天覆地的变化，但广大农村却仍然像一个个信息闭塞的"孤岛"。

　　胡伟从中看到了商机，2010年，胡伟创建了针对农村地区的社交平台"村村乐"。在这个网站上，有全国各地各个乡村的主页，供网友交友、晒照片、写日志、发布供求信息等。

　　一开始，各地村民在网站上分享猪怎么养、荔枝怎么种，还有交友的、婚恋的、寻人的。随着网站的人气越来越旺，有一家家电企业找到了胡伟，问他能不能帮忙做一个市场调查，了解电视机在农村的销售情况、村民的购买喜好等。胡伟接下单子后，发动那些在农村的网民，按计件付款的方式，让村民们帮忙做问卷调查。很快这个单子就完成了，不仅那些帮忙的农村网民赚到了钱，胡伟的公司也开始有了第一笔收入。看到胡伟在农村的执行力这么强，这家家电企业又找到他，问能不能在农村做广告。胡伟告诉他们，在农村，广告通常是刷在墙上的，尤其是刷在小卖部对面的墙上。

　　胡伟将这份刷墙的工作发布在"村村乐"网站上，村民可以自己报名来"接活"。为此，胡伟和他的团队还开发了一款手机应用，并要求接了活的村民定期在手机应用上拍照反馈，看墙上的广告还在不在，如果不在了就补上。

　　为了更好地深入农村，胡伟在网站设立了站长制度。在村支书、大学生村官和在外的农村大学生当中，每个村选取一位负责人来管理该村的上网用户，同时承接"村村乐"网站上发放的刷墙、拉横幅等"任务"。这些站长通过承接上游下派的任务获得双重收益。一是经济利益，在河南一些大的县城，一个站长一个月获得的额外收益可以达到七八千元；二是心理上的满足，因为借助网站帮本村村民解决了实际问题，不少站长渐渐成了本村的意见领袖和信息集散中心，这让站长们都觉得很是兴奋。

对胡伟来说，其事业的重要转折发生在2014年。当年阿里、京东、苏宁等电商巨头都亲赴农村开始了浩浩荡荡的"刷墙大战"，农村刷墙广告一家比一家厉害……电商巨头们的战争，给在农村市场深耕多年的胡伟带来了机会。当电商巨头们要在农村投广告时，"村村乐"比起一般的公司，最大的优势就是拥有站长和庞大的农村网民。他们直接向企业提供详细的乡村名单，再将客户想要投广告的区域发布到网站上，并通知这个区域的网络"村官"来完成任务。这种"接地气"的方式，让胡伟的刷墙生意越做越好，客户络绎不绝找上门来做广告。

现在，胡伟的业务已经从刷墙渗透到了"三农"领域的各个"毛细血管"，如化肥直销、招工信息和农村金融等业务。"村村乐"每年约有上千万元的营收，业务覆盖全国64万个村庄，门户站长共计32万人。近几年，"村村乐"一度受到资本的追捧，甚至被VC（风险投资）估值10亿元。

通过"村村乐"网站接任务赚到钱的村民，大概有10万人。他们利用农闲时间接任务刷墙，平均每人每年最少赚1000元，最多的一年赚了10万元。

（摘自创业家网，2018年6月29日，有删改）

启示：

毛泽东说过："得农村者得天下。" 这句话放在农村创业上同样适用。 胡伟的创业故事可以给农村创业者很多思考。 农村是一个庞大的市场， 有太多可以想象的空间， 关键在于自己如何利用这些资源，书写属于自己的创业故事。

七　市场营销与品牌创建

1. 市场开发与推广

分析研究市场是创业成功的第一步

做任何生意，没有市场，没有用户，就没有收入，就无法盈

利。因此，创业者一定要学会研究市场，做好市场调查推广。

创业者的商品或者服务最终是要进入市场销售，提供给消费者购买和使用的。如果不对市场进行全面分析，就无法了解消费者的需求和市场的特点，失败的风险就会加大。

第一，市场分析是企业市场营销活动的立足点和根本前提，成功的企业都是十分重视市场分析的。只有深入细致地对企业市场营销环境进行调查研究和分析，才能准确而及时地把握消费者的需求，才能认清自己所处环境中的优势和劣势，扬长避短。

第二，市场分析是经营决策的基础，为科学决策提供了保证。经营决策的前提是市场调查，市场调查的主要内容是对市场营销环境进行调查、整理分类、研究和分析，并提出初步结论和建议，作为决策者进行经营决策时的依据。市场营销环境分析得正确与否，直接关系到投资方向、规模、技术改造、产品组合等一系列生产经营活动的成败。

第三，市场分析有利于帮助创业者发现新的市场机会，及时采取措施，科学把握未来。现实生活中往往是机会与威胁并存，且可能相互转化。好的机会如没有把握住，优势就可能变成包袱、变成劣势，而威胁即不利因素也可能转化为有利因素，从而使企业获得新生。这里，关键在于要善于细致地分析市场营销环境，善于抓住机会，化解威胁，使企业在竞争中求生存、在变化中谋稳定、在经营中创效益，充分把握未来。

新品上市四件事

新产品上市，需要外界尽快接受，需要做以下四件事：

第一，产品宣传。"酒香也怕巷子深"，再好的商品上市都需要宣传，要让自己的产品"发声"，让目标客户群体知道。不同的产品都有自己独特的销售渠道，选对了销售渠道，事业就成功了一半。品牌进入渠道的方式主要有以下几种：

①聚焦进入法。集中优势，突击一点，实现突破。

②借力进入法。借助与自己相关的其他已有品牌和商品的影响力，进入市场。

③采用创新的方式。借助互联网渠道让品牌"发声"，例如甘肃民勤蜜瓜借助各大电商平台和社交平台，让自己的品牌"发声"，蜜瓜还在地里就已经被预订一空，再不怕丰收烂果，创造了农产品销售的经典。

第二，塑造品牌。新产品出来，通常没有品牌知名度，销售渠道和网络也没有建好，广告和促销资源也有限，为此一定要建立品牌意识，告诉客户"我是谁"。在产品面世前就应该先确定好品牌的价值理念、核心内容，提前做好品牌的宣传。

第三，确保良好的消费体验。一个新产品推向市场，第一次的消费体验非常重要，第一次的消费体验良好，会带来后续消费；而产品品质和服务是否稳定，则影响其在市场的发展后劲。在商品种类丰富的今天，一旦产品品质或服务出问题，影响了客户的消费体验，那么其在消费者心目中的位置就会立即被更好的商品和服务取代。

第四，合理的价位。价格通常是影响交易成败的重要因素，同时又是最难以确定的因素。定价的目标是促进销售，获取利润。既要考虑成本的补偿，又要考虑消费者对价格的接受能力。在定价时，可以参考同类商品的价格，也可以考虑自己的成本和目标利润，作出合适的定价。

如何提高新产品推广成功率

第一，选好新产品推广的上市时机。如果能在旺季到来之前上市，季节推动、人员推动、政策推动三股力量同时使劲，新产品将会更易得到推广。

第二，选择重点区域，集中人力、物力扫街式铺货，重点突破，引爆市场，打对手一个措手不及，快速占领市场。通过高密度的市场覆盖增强经销商的信心，产品的高铺货率也可以塑造销售气氛，同时带动周边市场。产品在终端的高铺货率是最好的终端广告，可以使消费者看得到、想得到、买得到。

第三，通过波浪式的持续推广策略，分阶段调整促销力度。第一阶段采用大促销力度引爆市场；第二阶段减少促销力度，回归正常的通路竞争；第三阶段再次加大促销力度，进行通路和终端拉动，巩固提升销量，最终把新产品推向成功。

如何快速开发区域市场

开发区域市场就是在一个空白的区域找到合适的客户，与之建立起合作关系，实现对区域终端客户的覆盖。快速开发区域市场，需要从以下几个方面入手：

第一，快速了解该区域市场的宏观和微观环境，对区域市场的规模大小、消费潜力等作出判断，设定销售目标和工作目标。宏观环境包括当地的经济发展水平、人口数量、交通物流水平等；微观环境包括当地有关本行业的主要渠道业态、市场数量、市场大小、市场特色、竞争对手在当地的表现等。

第二，通过市场走访及其他途径搜集信息，制订一段时间内客户开发的主要目标：销售目标分解、客户开发数量、客户类型、投入的资源等。明确为客户提供什么，从客户那里获得什么。

第三，搜集意向客户信息并拜访。先进行市场走访，拜访意向客户（包括直接客户和互补产品、无竞争关系的客户）。拜访后根据一定的标准，筛选出最合适的客户做进一步洽谈。确定合作关系后，尽快履行相关承诺，完成客户打款、进货等事宜。

·············· 🔍 看看人家 ··············

营销成功创业：
金坛五香居，好产品、好价格、好推广

从15岁开始，"你好鸭"创始人孙洪留和母亲就一人挑着一担菜，到10多里（1公里＝2里）路外的直溪镇上卖。这段卖菜的经历给了他最早的商业启蒙。"从1992年做到2000年，从一个地摊做到四个地摊，挣了四十几万元。其间，我还成了家，花了十几万元买了套房子。2000年底，手里大概余了35万元现金。"

其实，在20世纪90年代，靠摆地摊是赚不了这么多钱的。孙洪留的窍门是赶庙会，他几乎赶完了周边所有的庙会。

拼死拼活，在金坛及其周边的市场，孙洪留做到了顶，触摸到了家庭小作坊模式下的朝鲜小菜的天花板。为求突破，他想到了同在菜市场摆摊的卤味。他找来了在常州做酱牛肉多年的岳父，想爷俩一起开个卤味店。经老爷子的提点和引荐，孙洪留和芜湖五香居（芜湖市五香居肉食品总公司）正式接触，取得了五香居的授权经营许可。孙洪留拿出了9年的积蓄（35万元现金），租下两间50平方米的店铺并重新装修，还买了一辆运输车，在城郊租了一个闲置的村委会开办小型食品加工厂（金坛市五香居食品厂）。

不敢耽搁，他紧接着做了这几件事：

第一，差异化竞争。为了作出差异化，孙洪留跑了上海、南

京、苏州、无锡、常州等地调研，发现这些大城市的卤肉店都不够高大上，"所有卤味店都很小，铝合金装修，员工都不穿工作服。这种方式肯定干不起来"。孙洪留给自己两间50平方米的新店进行了彻底的升级换代：整块大玻璃、不锈钢柜台、全套工作服、消毒间。"这些装潢在17年前是非常先进的，即使放在现在也不过时。再配上五香居的牌子，我们彻底转变了菜场卤味低端的形象。"

第二，花式推广。怎么样让顾客知道自己的产品呢？孙洪留用了那个年代所能够用到的所有宣传方式：高音喇叭和发传单。

"那个时候，每个村里都有高音喇叭，我们五香居一天广播六遍，早、中、晚各两遍。"另外，孙洪留带领团队铺天盖地发传单，"我们在人流量聚集地，比如供销社、菜市场，见人就塞传单"。

第三，祭出价格利器。孙洪留正式转战卤制品市场，在遭到当地卤味商家的阻击时，他也颇为"刺头"，主动挑起价格大战。开业第一天，所有的菜打6折，第二天打7折，从第三天开始一直到当年下半年，持续半年多打8折。大打折扣，效果显著。"每天从早上开始，就有顾客来买菜，营业员一直要忙到中午12点才清闲些，下午2点后门口的顾客又络绎不绝。宾客云集，开业当天大概有4000多人"，孙洪留回忆第一家店开业的火爆场面。

孙洪留说，做生意一定要形成良性循环，一开始就正常运转，后面自然就会顺利，所以必须保证一炮打响。新店如果不靠打折降价，即使菜的口味再好，顾客没有吃过也不会购买。我开业第一年一直打折，虽然利润低点，但赢得了人气和市场。

另外，复购率是做餐饮的命脉所在。"这些花招只能招来一时的人气，但是一家店的持续运营还得靠产品以及过硬的服务。"孙洪留之所以敢这么做，是因为他在产品方面做足了功夫。

2004年起，孙洪留在老厂后面又买了14亩地开建新厂。这两年，他还完成了其职业生涯中最重大的一件事情——收购有着百年历史传承的徽派卤味代表品牌五香居。2006年底，孙洪留的资产有6000多万元，每个月还有100多万元的净收入。

（摘自创业家网，2018年4月15日，有删改）

2. 品牌与管理

如何创建自己的品牌

品牌是给拥有者带来溢价、产生增值的一种无形资产的载体，是用于和其他竞争者的产品或劳务相区分的名称、术语、象征、记号或者设计及其组合。也可以通俗地理解为品牌就是自己产品标识的知名度。

创建自己的品牌，建议首先注册自己专有的商标。虽然不注册商标也可以打造品牌，但是一旦品牌形成知名度后被别人抢注商标，自己的利益就会遭受损失，比如别人注册的商标名称你无法使用，或者需要高价购买方可使用。所以，创建品牌最好先注册商标，注册可以自己办理，也可以找代理机构代为办理，代办费用在几百元到几千元不等。

创建自己的品牌，务必确保产品优质。产品优质是品牌创建的前提条件。如果品质不良，那么你的品牌就成了劣质商品的代名词，不会产生品牌美誉度，自然也不会带来经济效益。

创建自己的品牌，务必确保服务优质。在产品优质的前提下，提供优质的服务，品牌创建会如虎添翼。优质的服务不仅可以满足消费者的消费需要，还能带来愉悦的消费体验，从而驱动消费者在下一次有相同需求的时候再次到你这里消费。好的消费体验和品牌美誉度会带来重复消费，而开发一个新客户的成本是维护一个老客户成本的5～10倍，能够起到节约成本的效果。

创建自己的品牌，需要进行适度宣传。宣传的作用是让更多的消费者了解你的商品和服务。宣传可以是自己投放广告宣传，也可以是老客户口碑相传，等等。目前在电商领域的创新营销模式社交电商，正是利用了老客户口碑相传的这个特点进行营销。

如何维护自己的品牌

品牌维护，是指企业针对外部环境的变化给品牌带来的影响所进行的维护品牌形象、保持品牌的市场地位和品牌价值的一系列活动的统称。品牌作为企业和顾客沟通最有效、最忠诚的载体，向来备受重视。品牌维护更是一项重要工作，关系着企业的生存和持续发展。品牌的维护流程可以概括如下：

第一，推广品牌价值核心。品牌建设是一个漫长的过程，这个阶段的广告投入、文化塑造、品牌竞争力分析都将对品牌的成长起到关键作用。品牌一旦为消费者所熟悉并称道，就表示该品牌已经具有了一定的忠诚顾客群，有了无形价值，这个过程正是推广品牌核心价值的过程。

第二，品牌细分和延伸。一个深谙市场营销法则的企业可以同时运作多个品牌。如美国宝洁公司，洗衣粉品牌有汰渍和碧浪，洗发水品牌有飘柔、潘婷、海飞丝、沙宣等，不同品牌针对不同细分市场的顾客需求差异性，以满足各类需求从而达到市场最大化目的。但是多品牌策略并非适合所有公司，如果主打品牌还处于和顾客的磨合期，品牌影响有限、市场有限，则不宜实施多品牌策略。

第三，品牌属性及新品牌策略。品牌一旦形成，就会在消费者心中形成相对稳定的印象，如日本车在美国给人的印象就是经济适用，这个品牌属性使得日本车与美国豪华车市场失之交臂。随着美国高档车这个细分市场迅速升温，日本汽车厂商为了抢占高档车市场，改变美国人对日本汽车现有品牌的低档刻板印象，于是开发新的品牌系列，全新的高档车品牌也就应运而生了。雷克萨斯从上市之初就着重对雷克萨斯的豪华进行宣传，只是在很小的地方标明是日本生产。从此，雷克萨斯这个新豪华车品牌渐渐被大众接受，新品牌策略获得巨大成功。

第四，及时的品牌危机公关。当出现了对品牌美誉度有重大影响的危机事件时，要及时进行品牌危机公关，保护品牌形象和价值，将危害和不利影响降到最低。

品牌是企业进行市场竞争的肱骨。品牌卓然出众，才能使其对应的产品在市场竞争中谋得一席之地。因此，品牌维护工作是一项长期任务。

········· 🔍 看看人家 ·········

创业成功之后："你好鸭"的品牌创建与维护

孙洪留的创业无疑是成功的。他有钱了，但是他也浮躁了。从2005年收购了江苏五香居后，他开始脱离本业，搞起了房地产。2010年，他一看搞房地产不行，又搞起了高科技投资。但本业之外的项目，和他预期的收益差距太大。更让人扼腕叹息的是，他还错过了2007—2017年卤味行业快速、野蛮生长的年代。也正是这10年，以"周黑鸭"为代表的休闲卤味品牌崛起，进入黄金发展时期。

从菜市场开始出发，各种品牌的休闲卤味店如雨后春笋一样扩张到全国的大街小巷，甚至几个大的品牌都陆续上市了。卤味发展的黄金10年，孙洪留正好游离在本业之外，错过了行业发展的顺风车。

2012年，孙洪留终于迷途知返。孙洪留说："我把能卖掉的，比如传媒公司、农庄，都卖掉了。"2013年一整年，孙洪留开始了全国调研。"我是做卤味起家的，我应该做卤味，因为传统卤味市场没有老大。但是经过调研，我发现老百姓不接受保鲜卤味，散装卤味扩张的时候又有安全风险。那怎么办呢？做鸭脖。这是一个迂回的策略，也是不得已而为之。"

孙洪留选择相信鸭脖市场不可能没有机会，相信差异化的力量。2014年，孙洪留投资1.5亿元建设占地80亩的农产品深加工基地，基地按照GMP认证标准建设了10万级净化食品生产车间。生产的产品符合出口欧盟的标准，规划年产值30亿元。2016年，新生产基地正式投入使用，五香居子品牌"你好鸭"正式启动。

品牌创建之后，是采取直营还是加盟模式，孙洪留也有过纠结。加盟商独立于品牌之外，品牌难以对加盟商入场运营进行有效控制。但加盟也有优势，把品牌授权给加盟商，可以按订单给他们送货，坐收利润；该模式可以让价值最大化，尽可能地释放品牌价值与商业潜力。孙洪留无法拒绝加盟的好，但为了规避其弊端，他采取了一个相对折中的方式——加盟的模式，直营的

管理。"你好鸭"总部、省级代理人(以下简称省代)、单个加盟店是该模式下重要的组成部分。以下是该模式的详解:

第一,三权分立。"你好鸭"在每个省设立一个省代,省代需要开设直营店,以及利用自身资源帮助"你好鸭"在其所在省快速扩张。"你好鸭"总部还会安排两个人帮助省代管理安全和运营。孙洪留说,我一直考虑的是把麻烦留给总部,把方便留给加盟商。

第二,单店。省代之下,是一个个加盟店。每店面积8~10平方米,只需1人便可运营。据"你好鸭"官网介绍,加盟单店投资额3~5万元,每月营收4.5万元,月综合毛利1.13万元。据悉,加盟店只能和"你好鸭"总部签约,只能销售"你好鸭"的产品。产品由"你好鸭"通过飞机、高铁将产品送至加盟店所在地。"你好鸭"还通过视频、全国数据联网的方式,实时监控每一家加盟门店的日常运营、每日流水等。

第三,不要利润。孙洪留多次强调,目前他的关注点不是利润,"我要利润干什么? 我要的是现金流,要的是店面的扩张"。据孙洪留介绍,"你好鸭"的毛利润约为45%,10% 留给"你好鸭",35% 留给加盟商,其中,省代奖励返点由"你好鸭"总部承担。

(摘自创业家网,2018年4月15日,有删改)

3.现金流与财务管理

现金流是创业的生命线

现金流是创业的生命线，大量创业失败的案例都是由现金流断流引起。创业初期必须做好资金规划，通常要做好未来16～24个月的现金流供给规划。很多电视剧为凸显剧情，描写出跌宕起伏的创业剧情，在剧情创作上会讲述很多人抵押房产贷款创业等内容，但在现实生活中并不提倡大家这么做。创业需要基本的条件和基础，然后做好资金规划，控制成本，开源节流。比如建立单元成本，把每一个花钱的单元建立标准成本，与实际支出做分析比对，找出可以改善和控制成本的地方，精确控制成本。

资金周转快的生意更赚钱

在创业初期，有的创业者会有很多想法。既想做这个，又想做那个，不知道该如何选择。此时，您可参考：资金周转快的生意更赚钱。有这样一个公式：资金收益率 = 利润率 × 周转率。从这里可以看出，要想收益最高，不仅要利润率高，还要周转率快。举个例子，鸡蛋10块钱一斤，能赚10%的利润，但鸡蛋储存时间有限，不能及时卖出去会坏掉；布娃娃利润高，10元的娃娃，利润有40%。你会选择做哪个生意呢？ 看起来是卖布娃娃更赚钱，可是有人用实践经验告诉我们，卖鸡蛋赚得更多。这个实践的人正是宏碁电脑创始人施振荣。鸡蛋的需求大，周转快，两天就能周转一次资金；布娃娃利润高，但周转慢，有时候半年也卖不掉。后来他把这个经验用到了电脑销售上，也获得了巨大的成功。可见资金重在流动，金动生金，周转快，就更赚钱。

创业初期如何进行财务管理

当创业者刚起步的时候，往往觉得自己的项目、公司还小，还不用急于开展财务管理。然而现金流、成本控制都需要落实，这些都是财务管理的一部分。财务管理的实质就是对资源的调度，作为一个创业者，对现金流的控制、对预算的把握是最基本的元素。缺少财务规划和管理，组织的资源调配就会凌乱。创业者一旦完成从项目到公司的转换，财务管理的重要性就会凸显。因此，创业者要有对财务管理的一些基础认知。例如，不能把短期借款用于长期投资，这是财务管理的铁律。一旦出现这样的错误，就会导致短期负债增加，利息过重，现金流周转出现问题，严重者可能导致企业运作失灵。财务管理要满足两个方面的要求：一是面向服务。通过财务手段，实现资源的调配，支撑市场拓展、品牌推广、销售等。二是内部管控。一方面用财务的手段推动企业的业务成长，另一方面控制企业内部的相关指标，达到管控的效果。

八　新经济下的创新创业

1.农村电商创业

"双创"为农民创业提供了机遇

2014年9月，国务院总理李克强在夏季达沃斯论坛的讲话中提出"大众创业、万众创新"（以下简称"双创"），2015年在政府工作报告中再次提出。随着这一号召的提出，越来越多的基层农业工作者将关注焦点和工作重心转移到农村"双创"上。创业，除了需要一腔热血外，更需要理念、技术、资金、管理能力等"硬指标"。没有思路、赤手空拳搞创业，是行不通的。如何让返乡人员在创业时"回得来、留得住、做得好"，这是首先要面临的问题。政府应对"双创"人员的需求及时作出各种转变，树立服务意识，搭建多种平台，增强创业者的凝聚力和抗风险能力。在创业融资方面，注重引导性，设立门槛，强化监管。对符合政策和产业方向的，有利于群众共同致富的，示范能力强、带动面积广的，能激发农村新动能的项目优先给予融资和扶持等。"双创"将引导和促进政府、金融机构等多方面转变，为农民创业提供辅助和支持。

农村电子商务越来越红火

　　农村电子商务配合密集的乡村连锁网点，以数字化、信息化的手段，通过集约化管理，市场化运作，成体系地跨区域、跨行业联合，构筑紧凑而有序的商业联合体，从而降低农村商业成本、扩大农村商业领域，使农民成为平台的最大获利者，使商家获得新的利润增长。自2015年开始，国家层面涉及农村电子商务的政策开始陆续发布和实施。2015年，财政部、商务部公布电子商务进农村综合示范工作的200个示范县名单，中央财政安排20亿元专项资金进行对口扶持发展农村电子商务。重点全力扶持中西部地区，特别是革命老区的农村电子商务发展，资金的使用重点向建设县、乡、村三级物流配送体系倾斜。在新公布的200个示范县中，中西部县区占比82.5%，贫困县占比超过43.5%，包括赣南、黔东、陇南、陕北等革命老区，每一个试点县将拨款1000万元扶持。

2016—2017 年，为了促进新型农业经营主体对接流通企业与电商企业，推动线上线下互动发展，相关部门将农村电商纳入精准扶贫的政策中，这标志着农村电商迎来重大变革。随着农村电商发展，农产品上行、农村物流、生态体系构建更加完善。

2018 年至今，各大龙头电商企业开始抢夺农村电商市场，进行新零售的布局，阿里投资 45 亿元入股汇通达，在供应链、渠道、仓储、物流、技术系统等领域开展深度合作。除龙头电商外，社交零售领域的新锐企业云集，达令家等电商平台也通过自己的销售平台开展电商扶贫活动，精准对接产地农产品，利用自己强大的销售和供应链体系，帮助农民第一时间将丰收的农产品送到终端客户的手中，原来只在区域销售的土特产纷纷成为网上畅销的网红商品。伴随农村电子商务的发展，农旅结合、乡村旅游、休闲农业、电商扶贫、农产品预售等必然会得到进一步的发展，其中也必然带来更多的就业和创业机会。

农村电子商务创业的诀窍

农村电子商务发展前景广阔，但是机会和风险是并存的。在电商创业过程中，需要注意以下几个方面：

第一，不能只做线上。有部分创业者认为既然是做电商，专心做线上就好了。其实如果能线上线下相结合，将电商做好做大，才能更好地占领消费者的市场，获得更全面的客户体验。

第二，不要过度依靠政府补贴。国家政策支持返乡创业，重视农村电商，这一信号使得部分创业者觉得既然政府扶持，那只要等着政府来帮我就行了，这种想法是不可取的。做任何事情，只有自己主动才能做好，如果初衷就是"等靠要"，那是不会获得成功的。天助自助者，只有自己努力拼搏，别人才会给你雪中送炭、锦上添花。

第三，不贪多，做专业。有些创业者为了把市场做大，什么都卖，"贪多嚼不烂"，导致产品数量多，品质不稳定。质量不过关，做一单死一单。为此，在自己能力有限的情况下，尽可能专心做好某一单品或某几个单品，确保产品品质和服务，做到当客户想购买某样商品的时候，你是他的第一选择。

第四，大小平台都要做。很多做农村电商的商家都只想进驻天猫、淘宝、京东等大型网购平台，然而这样的平台进驻费用很高，经济压力大。其实，除了这些大型平台外，一些小平台同样有精准的客户，投入少，客户精准，多与这样的平台合作，一样可以形成可观的销量。

第五，重视本地化，不要舍近求远。农村电商帮助农村创业者打破了信息的壁垒和地域的限制。但是千万不要因为做了电商，就把目光都放在远处。有时候本地的需求更旺盛，市场更大，切记不要舍近求远，很多农产品不需要跨省交易，以当地农产品为依据，本地供应，销售更加容易。

甘肃山里娃创业：见证电商"陇南模式"之崛起

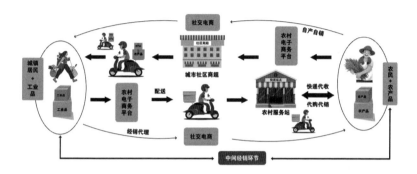

陇南市地处甘、陕、川三省交界处，是甘肃省唯一全境属于长江流域的地区，由于其"山大沟深，消息闭塞"，是国家确定的秦巴山片区深度贫困地区。陇南气候宜人，雨量充沛，光照充足，森林覆盖率高，素有"陇上江南"的美称，发展农业特色产业的优势十分明显。然而长久以来，陇南市却面临"富饶的贫困""抱着金饭碗讨饭吃"的尴尬境地。武都的花椒、宕昌的中药材、成县的核桃、陇南的油橄榄……这些藏在陇南大山深处的"珍品"在很长一段时间处于"养在深闺人未识"的状态。陇南从2014年开始在全市9个县区开展电商扶贫试点，通过发展农村电商，甘肃陇南出产的苹果、核桃、花椒、橄榄油、茶叶和纹党、黑木耳、狼牙蜜等特色农产品销量大增，这也带动了价格的提升，给农民群众带来了实惠。同时，前往陇南观光旅游的外地游客也大幅度增加，乡村旅游遍地开花，为农民增收和解决就业开辟了新的渠道，也带动了物流、快递等相关产业的发展。在与淘宝、天猫、京东、苏宁等主要电商平台主动合作的同时，自建了电商孵化园、创业园和产业园，进一步夯实了全市电商发展的基础。陇南"政府推动，先托后扶再监管；市场运作，企业为主活力；百姓创业，广泛动员齐参与；协会服务，三商联动一盘棋；微媒营销，绿色产品美名传"的措施和办法，总结出了"政府引导是关键、搭建平台是基础、配套服务是保障、产品质量是根本、微媒宣传是重要手段"的电商扶贫"陇南模式"。

2014年，在陇南市开始在全市9个县区开展电商扶贫试点的时候，只有初中学历的女孩魏菲利还在外地打工，知道政府引导家乡开展电商试点后，她看到了机会，立即辞职回乡创业，成为当地第一批电商创业的村民。2019年，其经营的网店年销售额已达到100万元。2021年，魏菲利成为陇南市第一批电商扶贫讲师，对成县8个乡镇20多个村庄的200多名中青年妇女进行电商知识培训。同时，她还带动成县当地贫困户发展30余亩核桃、180箱土蜂和12亩樱桃的生产。如今，魏菲利担任甘肃陇南市成县电商妇联副主席、成县电子商务协会理事等职位，曾经的农村女孩，现在已经是电商创业的成功人士。魏菲利只是陇南市电商扶贫过程中的人物缩影，在当地还有许多像魏菲利一样，因电商改变命运，不仅发家致富，还转变了思路的农户。

（摘自好推网，2021年8月28日，有删改）

启示:

从魏菲利的创业故事中，我们可以看到，政府引导推动的项目，我们要积极关注，如有条件要积极参与进来，跟上时代的脉搏。电商、直播、新媒体营销都是时代不断变革的产物，我们在创业的时候，要积极学习新知识、新技能。政府推动和扶持的事业，有可能就是我们重要的创业机会，要敢于尝试和创新。

2. 新媒体创业

新媒体创业的三个类型

新媒体行业是一个新兴的热门行业，从业者很多，门槛相对较低，那么，新媒体平台究竟有哪些？具体有什么分类？

新媒体平台主要分为三个类别：图文、视频和直播。这三种内容形式有时候集中在一个平台，其中每个类别都有其比较主流的平台。

第一，图文类。图文类的自媒体，主要以微信公众号、百家号、企鹅号、知乎自媒体等为主，这些内容平台对图文形式相对比较友好。

微信公众号平台是较为主流的新媒体平台，优点在于平台对内容的开放度更大，适合缓慢积累粉丝，以粉丝订阅为主。虽然开放了类似"看一看"等算法推荐，但对粉丝数量依赖较大，属于"私域"类型平台。这不仅对运营者内容有要求，对使用者的运营能力要求也较高，常见的变现形式是开通流量主和第三方广告接单。

百家号、企鹅号则是推荐算法类平台，对内容的要求更高。一篇好的内容，如果符合平台的推荐算法，即使粉丝较少，也能获得较高的阅读量。其中，百家号的变现能力更强，企鹅号则一般。

知乎则属于问答类型的图文平台，变现形式以带货为主，对内容质量要求较高。

第二，视频类。视频类自媒体主要分为中视频、长视频和短视频平台，其中，短视频平台最火，常见的有抖音、快手和视频号，长视频则有优酷、爱奇艺、腾讯和哔哩哔哩。

长视频平台优酷、爱奇艺、腾讯属于老牌新媒体平台，如果创作内容属于长视频，可以考虑在这些平台投放，一般以横版视频为主。短视频平台则主要为抖音、快手，内容大多较为短平快，以推荐算法为主。视频号则是"社交推荐+算法推荐"双螺旋推进，目前还在发展之中，依托微信大流量池，被很多用户看好，但相对抖音、快手而言，因起步晚，有潜力但也有差距。

第三，直播类。直播是比较新型的内容形式，具体分为电商直播、游戏直播以及娱乐直播等。常见的平台有百度直播（YY直播）、视频号直播、淘宝直播、京东直播以及快手直播、抖音直播等。

百度直播依托百度的搜索算法，正在发展当中。淘宝和京东的直播比较垂直，适合电商类有货源或者垂直可变现的领域作者。抖音快手的直播则更加多元一些，无论是游戏娱乐还是电商都能获得用户和收益。

上述就是三种内容形式常见的新媒体平台，要结合行业趋势以及自身的优势来进行选择。目前，视频和直播内容形式比较热，图文相对式微。从事新媒体行业需要坚持和毅力。

新媒体创业如何盈利

新媒体的盈利模式主要有：一是会员收费，例如罗辑思维公众号，普通会员200元，铁杆会员1200元；二是广告收入，先积累大量流量用户，然后发布广告。广告分为硬广告、软广告、文章底部广告和菜单入口广告等。比如某视频号以解答网友问题的方式展开，视频主播在回答网友问题的时候，一直吃某样零食，看视频的观众会被零食吸引，进而去产品橱窗挑选，这类就是软广告。目前众多明星带货就属于这类盈利模式。

常见的自媒体创业平台

近年来，自媒体平台越来越多，造就了一批专门从事自媒体创业的创业者。这里就常见的自媒体平台的变现方法做些介绍。

第一，今日头条。今日头条目前是规模较大、运营较稳定的自媒体平台，用户数量多，是许多创业者选择创业的平台。头条号是今日头条旗下的自媒体平台，创业者可以在该平台注册发布视频、文章并可以通过今日头条 App 被大家看到。目前应用较多的是自营广告。自营广告的设置方法如下：

首先，登录头条号，选择"个人中心—我的权益"，点击顶部"账号权限"，查看自营广告是否开通，未开通则点击"申请"开通。开通后，在今日头条的"收益分析"点击"收益设置"，点击"广告投放"中的"设置自营广告"超链接。然后进入自营广告页面进行设置即可。最后点击"提交"等待批准。批准后就可开通自营广告。

第二，百度百家号。百度百家号作为后起之秀，依托百度庞大的用户群体，为内容创作者提供平台，输出内容给真正有需要的用户。很多自媒体人纷纷加入百家号，希望通过百家号获得收益。注册百家号的方法如下：

如果已有百度旗下其他平台的账号，可以直接登录，如果没有则需要注册。进入百家号后，进入选择账号类型的页面。百家号有以下5种类型：

个人：适合垂直领域专家、自媒体及站长申请；

媒体：适合有资质的媒体如网站、报刊等；

企业：适合公司、各类机构等组织；

政府：适合国家政府机构、事业单位等组织；

其他组织：适合公益机构、学校等组织。

开通后，百家号是如何营收的呢？主要是通过文章、图集、视频赚取广告费用，例如原生广告分成、联盟广告分成。百度会在创作者发布文章后，将流量导入，将百度联盟广告客户和品牌客户引入百度百家号页面，将收入分给创作者，文章的阅读量和分成挂钩。

内容电商也是百家号的盈利模式。内容电商就是互联网信息碎片化时代，用内容价值"引爆"，用内容重新定义广告。内容电商通常更加客观、公允并更有可读性。作者可以直接在文章编辑后台输入商品关键词搜索商品，并将商品添加至文章中，这时用户就可以在手机百度资讯中获得相关信息。

此外，百家号有较多活动，每个月根据阅读量和质量排名，优秀的创作者可以享受几千至上万元不等的额外奖励。另外还有百万年薪计划等。创作者还可以通过写软文广告获得广告费用。

第三，企鹅媒体平台。企鹅媒体平台是腾讯旗下的一站式内容创作运营平台，该平台帮助媒体、自媒体、企业、机构等获得更多曝光与关注，持续提高品牌影响力和商业变现能力，扶持优质内容创作者做大做强。

企鹅号是腾讯旗下的自媒体平台，其内容可能会被推荐到腾讯新闻、天天快报、QQ 浏览器等。企鹅号达到相应的条件，可以开通流量主，根据平台自主投放在内容的广告展示量进行分成。只要读者阅读你的内容，你就有收益。内容越优质，读者越多，收益就越多。企鹅号开通收益分成的门槛比较低，只要账号转正通过试运营就可以。

具备"原创标签"资格或者"图文直播"功能且已经开通广告分成功能的企鹅号，可以申请开通赞赏功能。

在企鹅自媒体平台每个月至少发布 10 篇原创文章，取得原创标签资质，并开通流量主，符合平台扶持方向就可以获取原创补贴。企鹅号推出过百亿计划、达人计划、芒种计划等，提供几十亿上百亿的内容创作基金，重点扶持潜力型创作者。

······· $\mathcal{P}$ 看看人家 ·······

新媒体人总结的创业难处与心得

我们很多人每天在刷抖音、看视频号中消磨时光，但是有一群人，用这些新媒体创业，赚到人生第一桶金。新媒体创业门槛低，但是也有它的难处。我们看看新媒体创业人在经历创业后总结的心得。

新媒体作为门槛较低的创业领域，谁都可以尝试，但若要坚持下来，对一个创业者、一个团队来说，都是一种巨大的考验。

新媒体创业的难处大概有四个方面。

第一，将内容做得很扎实，这需要不断地提高专业能力，学习专业知识。尤其目前绝大多数新媒体，在创业阶段品牌还没有塑造起来，与传统媒体相比，需要作出自己的特色。

第二，在团队的建设方面，找人容易，但是想找到志同道合、执行力很强的人比较难。因此，新媒体的人力成本相对较高，对于白手起家的新媒体是一个"坎"。

第三，新媒体只是一个平台，既要搭好平台，又要用好平台。这需要创业者立足内容，而又不限于内容来考虑未来的发展，发挥好平台优势，又能在这一平台上培育出更好的花、结出更大的果。新媒体人要做好长期的规划，把握实现目标的节奏和方法。

第四，作为更为纯粹的新媒体，在外界看来具有更大的活力，但其实也很脆弱，所以一定要时刻小心谨慎，提高自己的专业能力和职业素养的同时，还需要顾大局、讲格局。

新媒体经过长期的发展，已逐渐趋向饱和，如今，新媒体对于内容更加挑剔。如果只是一味地跟风模仿，早晚会被淘汰。无论是短视频还是图文，真正有深度、有意义、有价值的内容才会被网友接受。

新媒体只是一种媒体的形式，在传播有价值的内容方面，与传统媒体并没有太大的区别，所以说新媒体的核心价值仍然是内容。只有生产优质的内容，才能获取目标读者，再通过多种运营方式，给目标读者提供其他有价值的产品和服务。内容的价值放大要靠服务，只有在垂直产业领域不断深耕，才能让服务真正下沉。从内容到服务，未来谁做得更专业，服务更到位，谁就能屹立不倒。

后 记

　　本书得以付梓，要感谢的人实在太多，但毫无疑问，首先要感谢的是丛书主编何丞先生。2019年，何丞先生说要筹划编一套新时代乡村振兴的丛书，问我要不要一起参与。我当时心里非常激动，又有点忐忑。激动的是作为一名基层公共就业服务机构的工作人员，能够响应习近平总书记号召，为新时代乡村振兴做贡献，为农民朋友办实事、解难题；忐忑的是我还没有书稿编写的经验，心里没底。当时，何丞先生给予了我最大的信心、勇气和支持，引荐认识胡延华教授。胡教授师从中山大学顾乃康教授，主要研究企业管理、创业、商业计划等领域，目前在高校执教，从事创新创业等方面的研究，曾指导企业参加广东省科技创新创业大赛夺得冠军，具有丰富的理论基础和实践经验。最后，我有幸与胡延华教授搭班，参加编写《新时代乡村振兴百问百答丛书》之《农民就业创业百问百答》。

　　《农民就业创业百问百答》出版后，我们收到了很多朋友的热烈反响和宝贵建议，其中许多对我们都有启发和帮助，也让我们很受鼓舞，在此表示深深感谢。三年来，时代在进步，我们实现了小康这个中华民族的千年梦想，打赢了人类历史上规模最大的脱贫攻坚战，开启了全面建设社会主义现代化国家新征程，正昂首阔步行进在实现中华民族伟大复兴的道路上。当前，农民群众关心的急难愁盼问题也发生了变化。

　　据此，我和胡延华教授继续搭班，参与编写何丞先生主编的《乡村振兴农民百事通系列》之《农民务工兴业百事通》。书中选取的内容都是现阶段农民朋友最为关心的问题，例如返乡就业创业、灵活就业、职业培训、新经济下的创新创业等方面，一件事情一件事情地解决，贴近农民朋友现实的需要。在本书的编撰过程中，参考了大量相关的书籍和网络资料，也得到了很多同行的指导和帮助。尤其要特别感谢华南师范大学谌新民教授，他的序言以其缜密的思维和高超的理论水平为本书增色不少。

　　真正的挚友、导师是能够指出你身上盲点的人。感恩主编何丞先生的邀请、指导，并给予我最宽厚的理解和温暖的支持；感恩胡延华教授的共同努力；感恩广东人民出版社编辑们的信任和帮助。因为时间和能力有限，本书可能存在诸多不足之处，还请各位书友不吝赐教，我们会不断完善改正。

李世超

2023 年 2 月